HERBERT LEUPIN

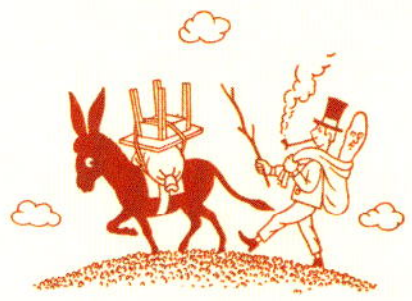

Märchen der Brüder Grimm

Nord
Süd

INHALT

9
DAS TAPFERE SCHNEIDERLEIN

25
HANS IM GLÜCK

41
HÄNSEL UND GRETEL

57
SCHNEEWITTCHEN

73
TISCHCHEN DECK DICH

89
DER GESTIEFELTE KATER

105
DER WOLF UND DIE SIEBEN JUNGEN GEISSLEIN

121
DORNRÖSCHEN

137
FRAU HOLLE

152
NACHWORT

DAS TAPFERE SCHNEIDERLEIN

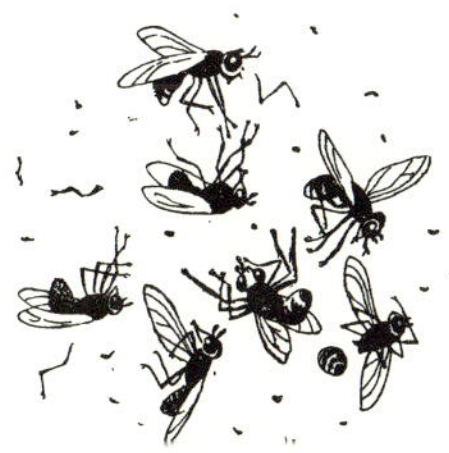

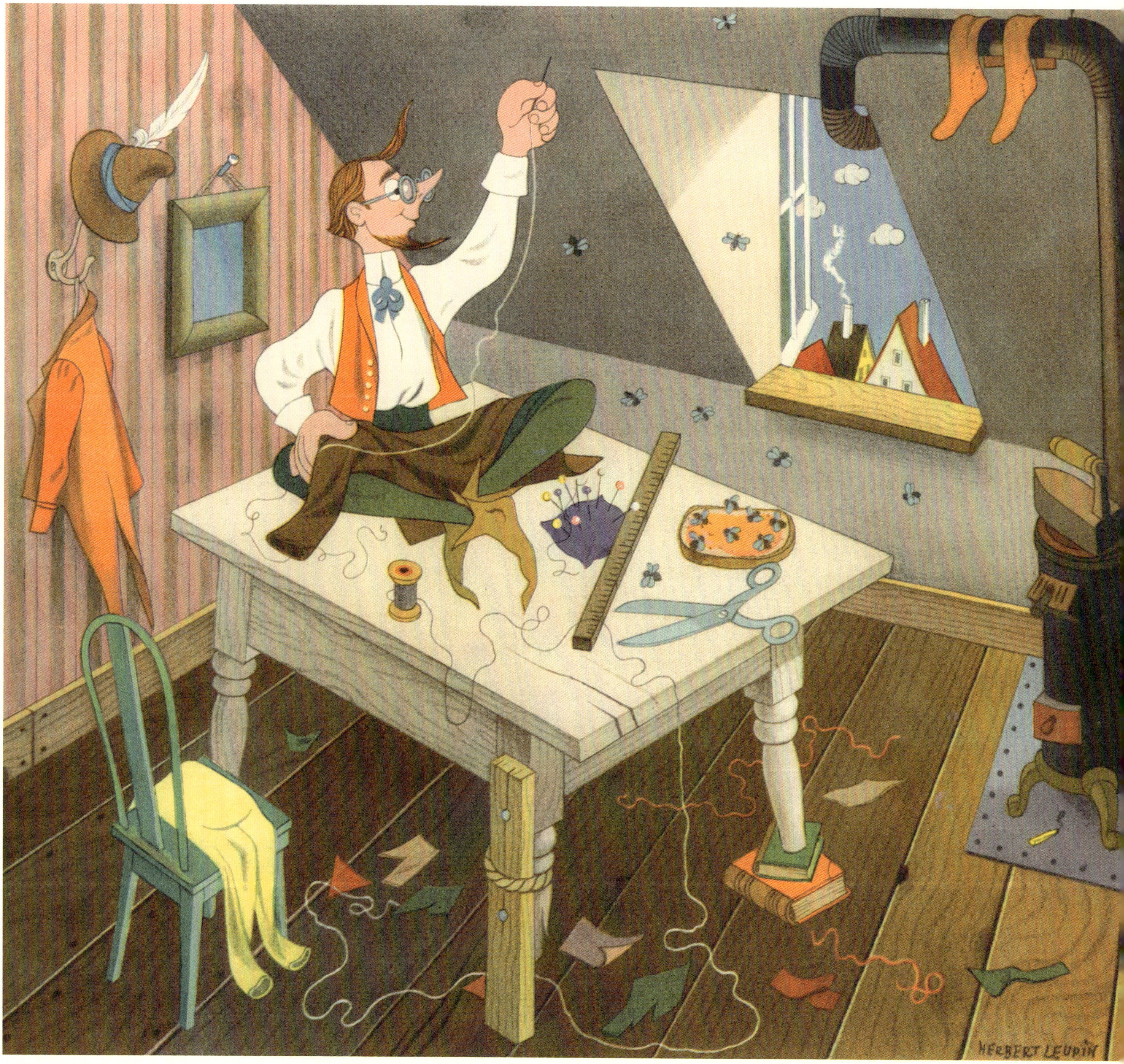
HERBERT LEUPIN

An einem Sommermorgen saß ein Schneiderlein auf seinem Tisch am Fenster, war guter Dinge und nähte aus Leibeskräften. Da kam eine Bauersfrau die Straße herab und rief: »Gutes Mus zu verkaufen! Gutes Mus zu verkaufen!« Das klang dem Schneiderlein lieblich in die Ohren, er steckte sein zartes Haupt zum Fenster hinaus und rief: »Hier herauf, liebe Frau, hier werden Sie Ihre Ware los!« Die Frau stieg die drei Treppen mit ihrem schweren Korb zu dem Schneider hinauf und musste sämtliche Töpfe vor ihm auspacken. Er besah sie alle, hob sie in die Höhe, hielt die Nase dran und sagte endlich: »Das Mus scheint mir gut, wiegen Sie mir doch vier Lot ab, liebe Frau, wenn es auch ein Viertelpfund ist, kommt es mir nicht darauf an.« Die Frau, welche gehofft hatte, einen guten Absatz zu finden, gab ihm, was er verlangte, ging aber ganz ärgerlich und brummig fort.

»Nun, das Mus soll mir Gott segnen«, rief das Schneiderlein, »und soll mir Kraft und Stärke geben!«, holte das Brot aus dem Schrank, schnitt sich ein großes Stück ab und strich das Mus darüber. »Das wird nicht bitter schmecken«, sprach er, »aber erst will ich das Wams fertig machen, ehe ich anbeiße.« Er legte das Brot neben sich, nähte weiter und machte vor Freude immer größere Stiche. Inzwischen stieg der Geruch von dem süßen Mus hinauf an die Wand, wo die Fliegen in großer Menge saßen, sodass sie herangelockt wurden und sich scharenweise darauf niederließen. »Ei, wer hat euch eingeladen?«, fragte das Schneiderlein und jagte die ungebetenen Gäste fort. Die Fliegen aber, die kein Deutsch verstanden, ließen sich nicht abweisen, sondern kamen in immer größerer Gesellschaft wieder. Da lief dem Schneiderlein, wie man sagt, die Laus über die Leber, es langte in seiner Wut nach einem Tuchlappen, und »Wart, ich will es euch geben!« schlug es unbarmherzig drauf. Als es abzog und zählte, lagen nicht weniger als sieben vor ihm tot und streckten die Beine. »Bist du so ein Kerl?«, fragte er und musste selbst seine Tapferkeit bewundern. »Das soll die ganze Stadt erfahren.« Und in der Hast schnitt sich das Schneiderlein einen Gürtel, nähte ihn und stickte mit großen Buchstaben darauf: »Sieben auf einen Streich!«

»Ei was, Stadt«, sprach er weiter, »die ganze Welt soll's erfahren!« Und sein Herz wackelte ihm vor Freude wie ein Lämmerschwänzchen. Der Schneider band sich den Gürtel um den Leib und wollte in die Welt hinaus, weil er meinte, die Werkstätte sei zu klein für seine Tapferkeit. Eh er abzog, suchte er im Haus herum, ob nichts da wäre, was er mitnehmen könnte. Er fand aber nichts als einen alten Käse, den steckte er ein. Vor dem Tor bemerkte er einen Vogel, der sich im Gebüsch verfangen hatte, der musste zu dem Käse in die Tasche. Nun machte er sich tapfer auf den Weg, und weil er leicht und behände war, fühlte er keine Müdigkeit. Der Weg führte ihn auf einen Berg, und als er den

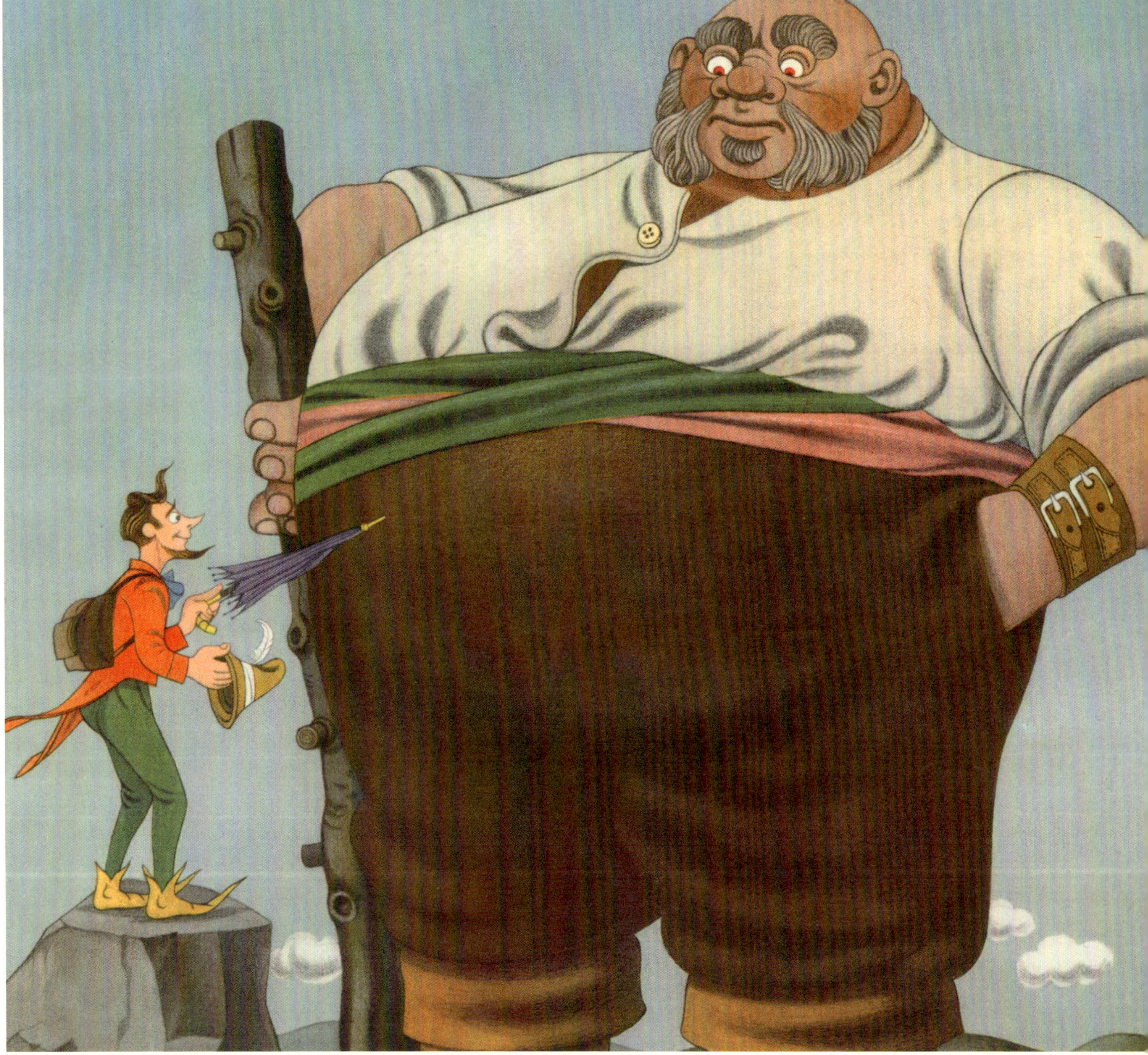

höchsten Gipfel erreicht hatte, saß da ein gewaltiger Riese und schaute sich ganz gemächlich um. Das Schneiderlein ging beherzt auf ihn zu, redete ihn an und sprach: »Guten Tag, Kamerad, du sitzt da und besiehst dir die weitläufige Welt? Ich bin eben auf dem Weg dahin und will mich versuchen. Hast du Lust, mitzugehen?« Der Riese sah den Schneider verächtlich an und sprach: »Du Lump! Du miserabler Kerl!« Das Schneiderlein knöpfte den Rock auf und zeigte dem Riesen den Gürtel. »Da kannst du lesen, was ich für ein Mann bin.« Der Riese las: »Sieben auf einen Streich!«, meinte, das wären Menschen gewesen, die der Schneider erschlagen hätte, und kriegte ein wenig Respekt vor dem kleinen Kerl. Doch wollte er ihn erst prüfen, nahm einen Stein in die Hand und drückte ihn zusammen, sodass das Wasser heraustropfte. »Das mach mir nach«, sprach der Riese, »wenn du Stärke hast.« – »Ist es weiter nichts?«, sagte das Schneiderlein. »Das ist für unsereins ein Kinderspiel«, griff in die Tasche, holte den weichen Käse und drückte ihn, sodass der Saft herauslief. »Nicht wahr«, sprach er, »das war ein wenig besser?«

Der Riese wusste nicht, was er sagen sollte, und konnte es dem Männlein nicht glauben. Da hob der Riese einen Stein auf und warf ihn so hoch, dass man ihn mit Augen kaum noch sehen konnte. »Nun, du Erpelmännchen, das mach mir nach.« – »Gut geworfen«, sagte der Schneider, »aber der Stein hat doch wieder zur Erde herabfallen müssen. Ich will dir einen werfen, der soll gar nicht wiederkommen«, griff in die Tasche, nahm den Vogel und warf ihn in die Luft. Der Vogel, froh über seine Freiheit, stieg auf, flog davon und kam nicht wieder. »Wie gefällt dir das Kunststückchen, Kamerad?«, fragte der Schneider. »Werfen kannst du wohl«, sagte der Riese, »aber nun wollen wir sehen, ob du imstande bist, etwas Ordentliches zu tragen.« Er führte das Schneiderlein zu einem mächtigen Eichenbaum, der da gefällt auf dem Boden lag, und sagte: »Wenn du stark genug bist, so hilf mir den Baum aus dem Wald heraustragen.« – »Gerne«, antwortete der kleine Mann, »nimm du nur den Stamm auf deine Schulter, ich will die Äste mit dem Gezweig aufheben und tragen, das ist doch das Schwerste.« Der Riese nahm den Stamm auf die Schulter, der Schneider aber setzte sich auf einen Ast, und der Riese, der sich nicht umsehen konnte, musste den ganzen Baum und das Schneiderlein noch obendrein forttragen. Es war dahinten ganz lustig und guter Dinge, pfiff das Liedchen »Es ritten drei Schneider zum Tore hinaus«, als wäre das Baumtragen ein Kinderspiel. Der Riese, nachdem er die schwere Last ein Stück des Weges fortgeschleppt hatte, konnte nicht weiter und rief: »Hör, ich muss den Baum fallen lassen!« Der Schneider sprang behände herab, fasste den Baum mit beiden Armen, als wenn er ihn getragen hätte, und sprach zum Riesen: »Du bist ein so großer Kerl und kannst den Baum nicht einmal tragen.«

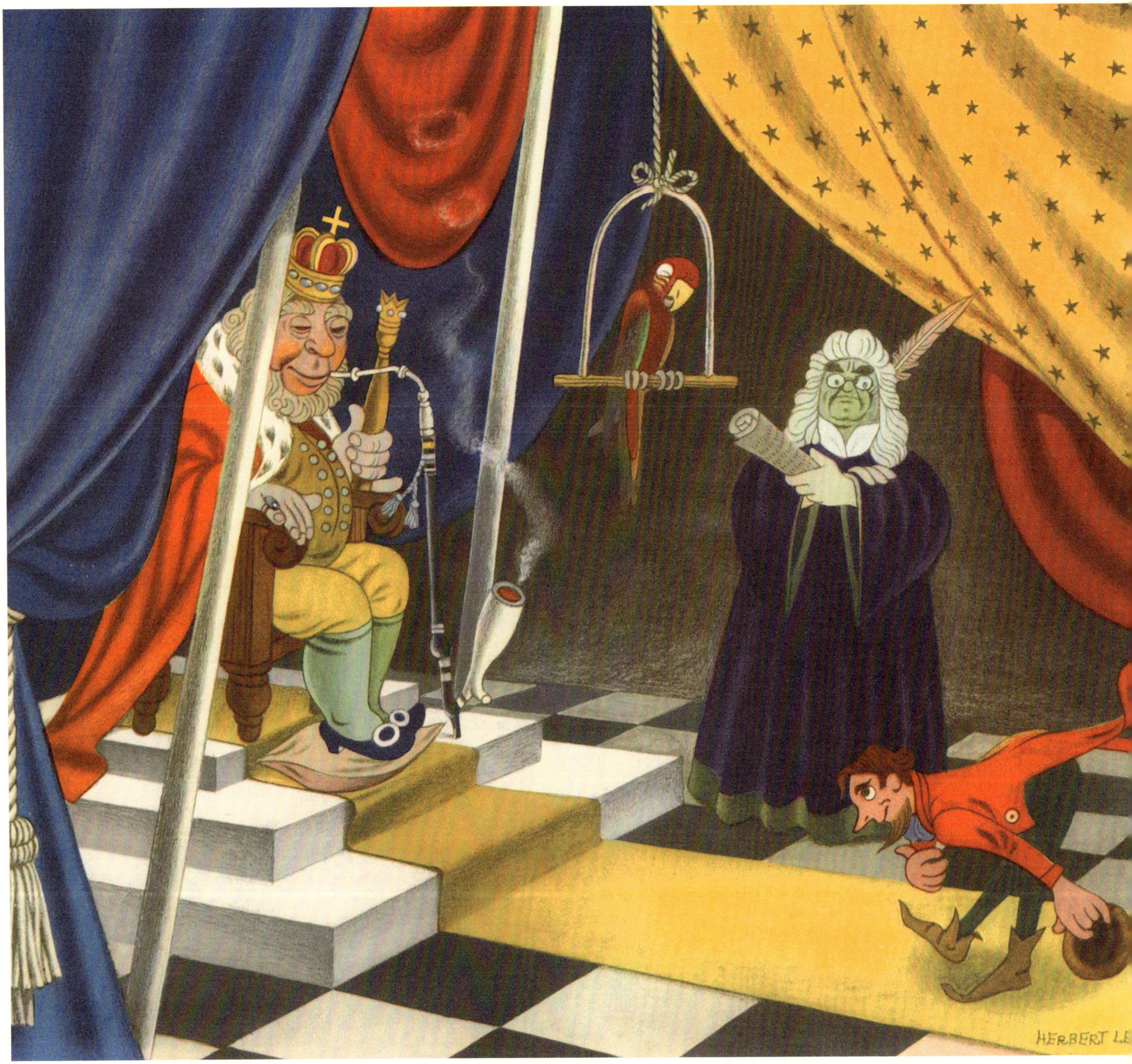

Sie gingen zusammen weiter, und als sie an einem Kirschbaum vorbeikamen, fasste der Riese die Krone des Baumes, wo die reifsten Früchte hingen, bog sie herab, gab sie dem Schneider in die Hand und hieß ihn essen. Das Schneiderlein aber war viel zu schwach, um den Baum zu halten, und als der Riese losließ, fuhr der Baum in die Höhe, und der Schneider wurde mit in die Luft geworfen. Als er wieder ohne Schaden herabgefallen war, sprach der Riese: »Was ist das, hast du nicht die Kraft, die schwache Gerte zu halten?« »An der Kraft fehlt es nicht«, antwortete das Schneiderlein, »meinst du, das wäre etwas für einen, der sieben mit einem Streich getroffen hat? Ich bin über den Baum gesprungen, weil die Jäger da unten in das Gebüsch schießen. Spring mir nach, wenn du es vermagst.« Der Riese machte den Versuch, konnte aber nicht über den Baum kommen, sondern blieb in den Ästen hängen, sodass das Schneiderlein auch hier die Oberhand behielt.

Der Riese sprach: »Wenn du ein so tapferer Kerl bist, so komm mit in unsere Höhle und übernachte bei uns.« Das Schneiderlein war bereit und folgte ihm. Als sie in der Höhle ankamen, saßen da noch andere Riesen beim Feuer, und jeder hatte ein gebratenes Schaf in der Hand und aß davon. Das Schneiderlein sah sich um und dachte: »Es ist doch hier viel weitläufiger als in meiner Werkstatt.« Der Riese wies ihm ein Bett an und sagte, er solle sich hineinlegen und ausschlafen. Dem Schneiderlein war aber das Bett zu groß, es legte sich nicht hinein, sondern kroch in eine Ecke. Als es Mitternacht war und der Riese meinte, das Schneiderlein läge in tiefem Schlaf, stand er auf, nahm eine große Eisenstange, schlug das Bett mit einem Schlag durch und meinte, er hätte dem Grashüpfer den Garaus gemacht. Am frühen Morgen gingen die Riesen in den Wald und hatten das Schneiderlein ganz vergessen, da kam es auf einmal ganz lustig und beherzt dahergeschritten. Die Riesen erschraken, fürchteten, es schlüge sie alle tot, und liefen in einer Hast fort.

Das Schneiderlein zog weiter, immer seiner spitzen Nase nach. Nachdem es lange gewandert war, kam es in den Hof eines königlichen Palastes, und da es Müdigkeit empfand, legte es sich ins Gras und schlief ein. Während es da lag, kamen die Leute, betrachteten es von allen Seiten und lasen auf dem Gürtel: »Sieben auf einen Streich!« – »Ach«, sprachen sie, »was will der große Kriegsheld hier mitten im Frieden? Das muss ein mächtiger Herr sein.« Sie gingen und meldeten es dem König und meinten, wenn Krieg ausbrechen sollte, wäre das ein wichtiger und nützlicher Mann, den man um keinen Preis fortlassen dürfte. Dem König gefiel der Rat, und er schickte einen von seinen Hofleuten zum Schneiderlein, der sollte ihm Kriegsdienste anbieten.

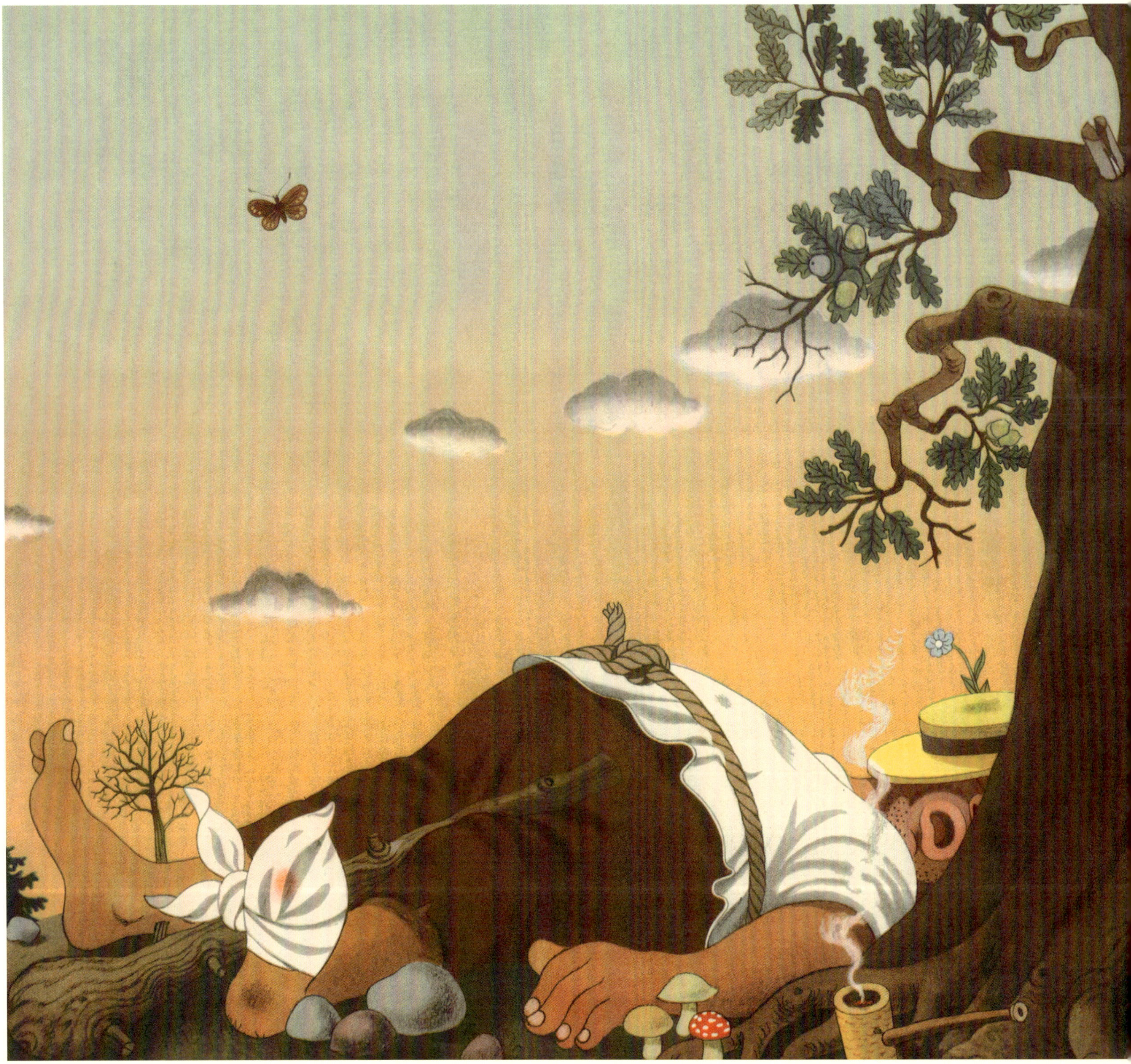

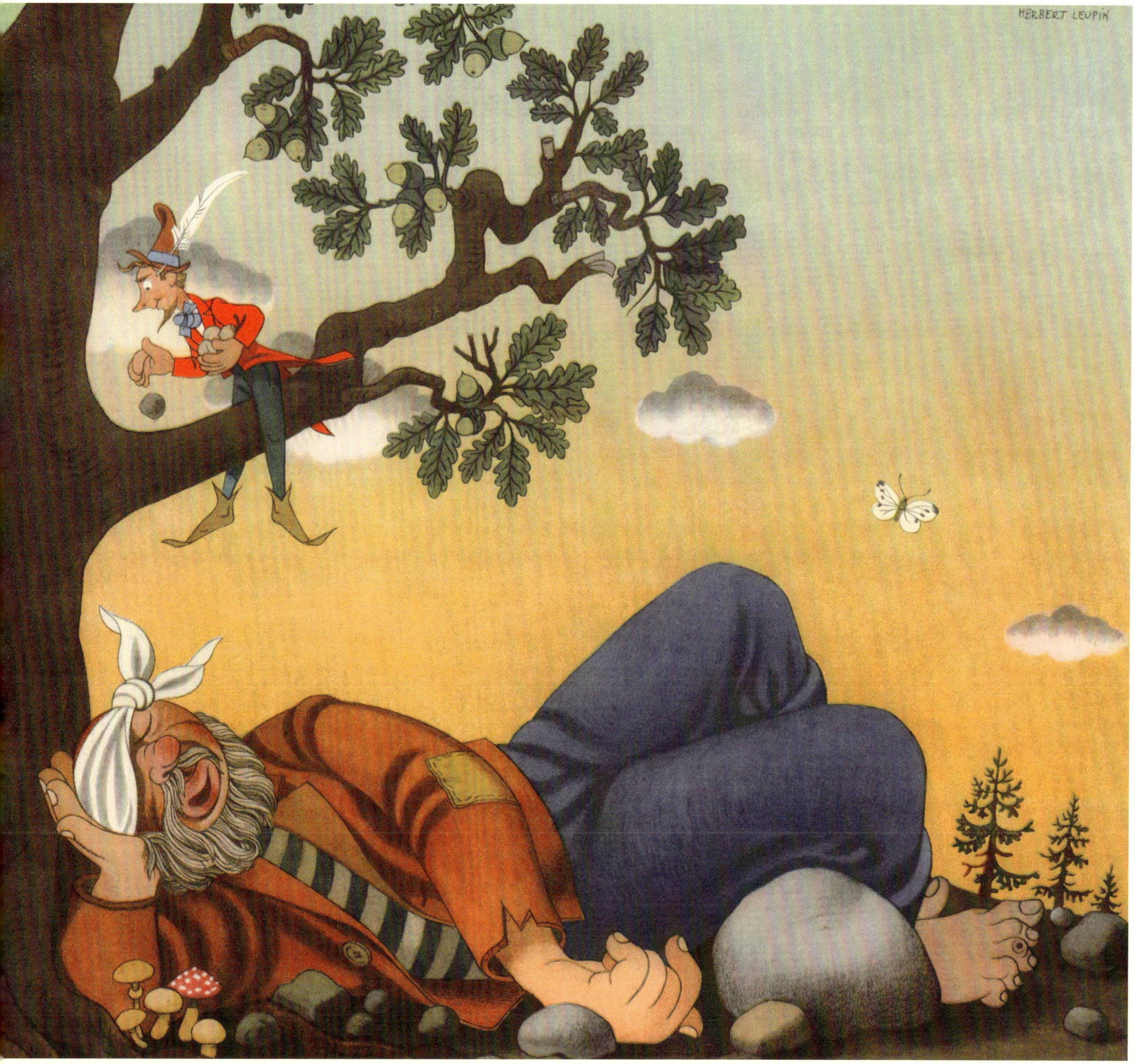
HERBERT LEUPIN

Der Abgesandte blieb bei dem Schläfer stehen, wartete, bis er seine Glieder streckte und die Augen aufschlug, und brachte dann seinen Antrag vor. »Eben deshalb bin ich hierhergekommen«, antwortete das Schneiderlein, »ich bin bereit, in des Königs Dienste zu treten.« Also wurde er ehrenvoll empfangen und es wurde ihm eine besondere Wohnung angewiesen.

Die Kriegsleute aber waren dem Schneiderlein auf den Leim gekrochen und wünschten, es wäre tausend Meilen weit weg. »Was soll daraus werden?«, sprachen sie untereinander. »Wenn wir Streit mit ihm kriegen und er haut zu, so fallen auf jeden Streich sieben. Da kann unsereiner nicht bestehen.« Also fassten sie einen Entschluss, begaben sich allesamt zum König und baten um ihre Entlassung aus dem Dienst. »Wir sind nicht gemacht«, sprachen sie, »neben einem Mann auszuhalten, der sieben auf einen Streich schlägt.« Der König war traurig, dass er um des einen willen alle seine treuen Diener verlieren sollte, wünschte, dass seine Augen ihn nie gesehen hätten, und wäre ihn gerne wieder losgewesen. Aber er getraute sich nicht, ihn zu entlassen, weil er fürchtete, er möchte ihn samt seinem Volk totschlagen und sich auf den königlichen Thron setzen. Er überlegte lange hin und her, endlich fand er einen Rat. Er schickte zu dem Schneiderlein und ließ ihm sagen, weil er ein so großer Kriegsheld wäre, wollte er ihm ein Angebot machen. In einem Wald seines Landes hausten zwei Riesen, die mit Rauben, Morden, Sengen und Brennen großen Schaden stifteten, niemand dürfte sich ihnen nähern, ohne sich in Lebensgefahr zu begeben. Wenn er diese beiden Riesen überwände und tötete, so wolle er ihm seine einzige Tochter zur Gemahlin geben und das halbe Königreich zur Aussteuer; auch sollten hundert Reiter mitziehen und ihm Beistand leisten. »Das wäre so etwas für einen Mann, wie du bist«, dachte das Schneiderlein, »eine schöne Königstochter und ein halbes Königreich werden einem nicht alle Tage angeboten.« – »Oh ja«, gab er zur Antwort, »die Riesen will ich schon bändigen und ich habe die hundert Reiter dabei nicht nötig; wer sieben auf einen Streich trifft, braucht sich vor zweien nicht zu fürchten.«

Das Schneiderlein zog aus, und die hundert Reiter folgten ihm. Als er zu dem Rand des Waldes kam, sprach er zu seinen Begleitern: »Bleibt nur hier stehen, ich werde schon allein mit den Riesen fertigwerden.« Dann sprang er in den Wald hinein und schaute sich nach rechts und links um. Nach einem Weilchen erblickte er beide Riesen: Sie lagen unter einem Baum und schliefen und schnarchten dabei, dass sich die Äste auf und nieder bogen. Das Schneiderlein, nicht faul, füllte

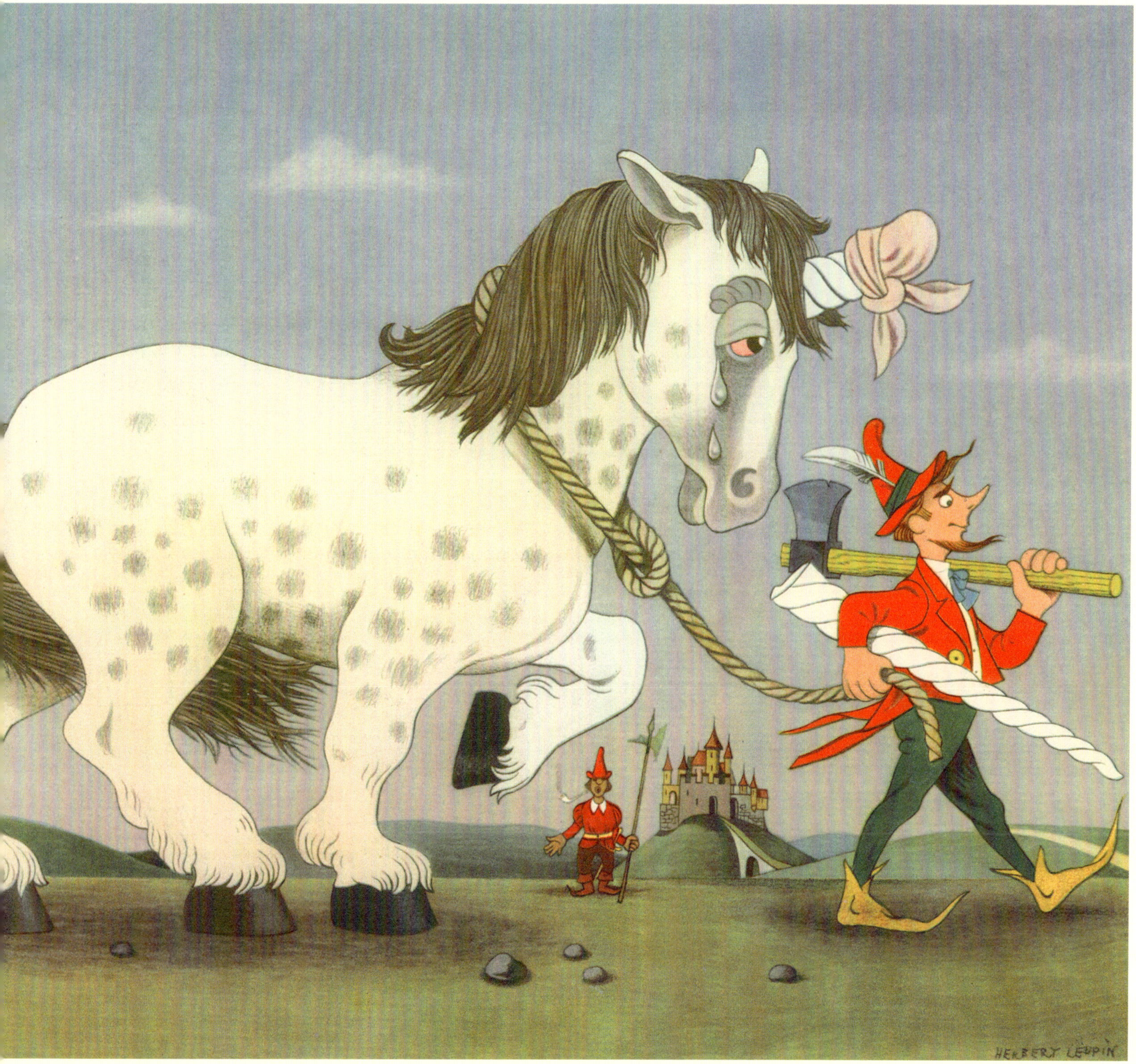
HERBERT LEUPIN

beide Taschen mit Steinen und stieg damit auf den Baum. Als es in der Mitte war, rutschte es auf einen Ast, bis es gerade über den Schläfern zu sitzen kam, und ließ dem einen Riesen einen Stein nach dem andern auf die Brust fallen. Der Riese spürte lange nichts, doch endlich wachte er auf, stieß seinen Gesellen an und sprach: »Was schlägst du mich?« »Du träumst«, sagte der andere, »ich schlage dich nicht.« Sie legten sich wieder schlafen, da warf der Schneider auf den zweiten einen Stein hinab. »Was soll das?«, rief der andere. »Warum bewirfst du mich?« – »Ich bewerfe dich nicht«, antwortete der erste und brummte. Sie zankten sich eine Weile herum, doch weil sie müde waren, ließen sie es gut sein, und die Augen fielen ihnen wieder zu. Das Schneiderlein fing sein Spiel von Neuem an, suchte den dicksten Stein aus und warf ihn dem ersten Riesen mit aller Gewalt auf die Brust. »Das ist zu arg!«, schrie er, sprang wie ein Unsinniger auf und stieß seinen Gesellen gegen den Baum, dass dieser zitterte. Der andere zahlte mit gleicher Münze, und sie gerieten in solche Wut, dass sie Bäume ausrissen, aufeinander losschlugen, so lange, bis sie endlich beide zugleich tot auf die Erde fielen. Nun sprang das Schneiderlein hinab. »Ein Glück nur«, sprach es, »dass sie den Baum, auf dem ich saß, nicht ausgerissen haben, sonst hätte ich wie ein Eichhörnchen auf einen andern springen müssen; doch unsereiner ist flink!« Es zog sein Schwert und versetzte jedem ein paar tüchtige Hiebe in die Brust, dann ging es hinaus zu den Reitern und sprach: »Die Arbeit ist getan, ich habe beiden den Garaus gemacht; aber hart ist es hergegangen, sie haben in der Not Bäume ausgerissen und sich gewehrt, doch das hilft alles nichts, wenn einer kommt wie ich, der sieben auf einen Streich schlägt.« – »Seid ihr denn nicht verwundet?«, fragten die Reiter. »Es ist gut gegangen«, antwortete der Schneider, »kein Haar haben sie mir gekrümmt.« Die Reiter wollten ihm nicht glauben und ritten in den Wald hinein; da fanden sie die Riesen in ihrem Blut schwimmend, und ringsherum lagen die ausgerissenen Bäume.

Das Schneiderlein verlangte von dem König die versprochene Belohnung, den aber reute sein Versprechen, und er überlegte aufs Neue, wie er sich den Helden vom Hals schaffen könnte. »Ehe du meine Tochter und das halbe Reich erhältst«, sprach er zu ihm, »musst du noch eine Heldentat vollbringen. In dem Wald lebt ein Einhorn, das großen Schaden anrichtet. Das musst du erst einfangen.« – »Vor einem Einhorn fürchte ich mich noch weniger als vor zwei Riesen; sieben auf einen Streich, das ist meine Sache.« Er nahm sich einen Strick und eine Axt mit, ging hinaus in den Wald und ließ abermals die, welche ihn begleitet hatten, draußen warten. Er brauchte nicht lange zu suchen, das Einhorn kam bald daher und sprang geradezu auf den Schneider los, als wollte es ihn

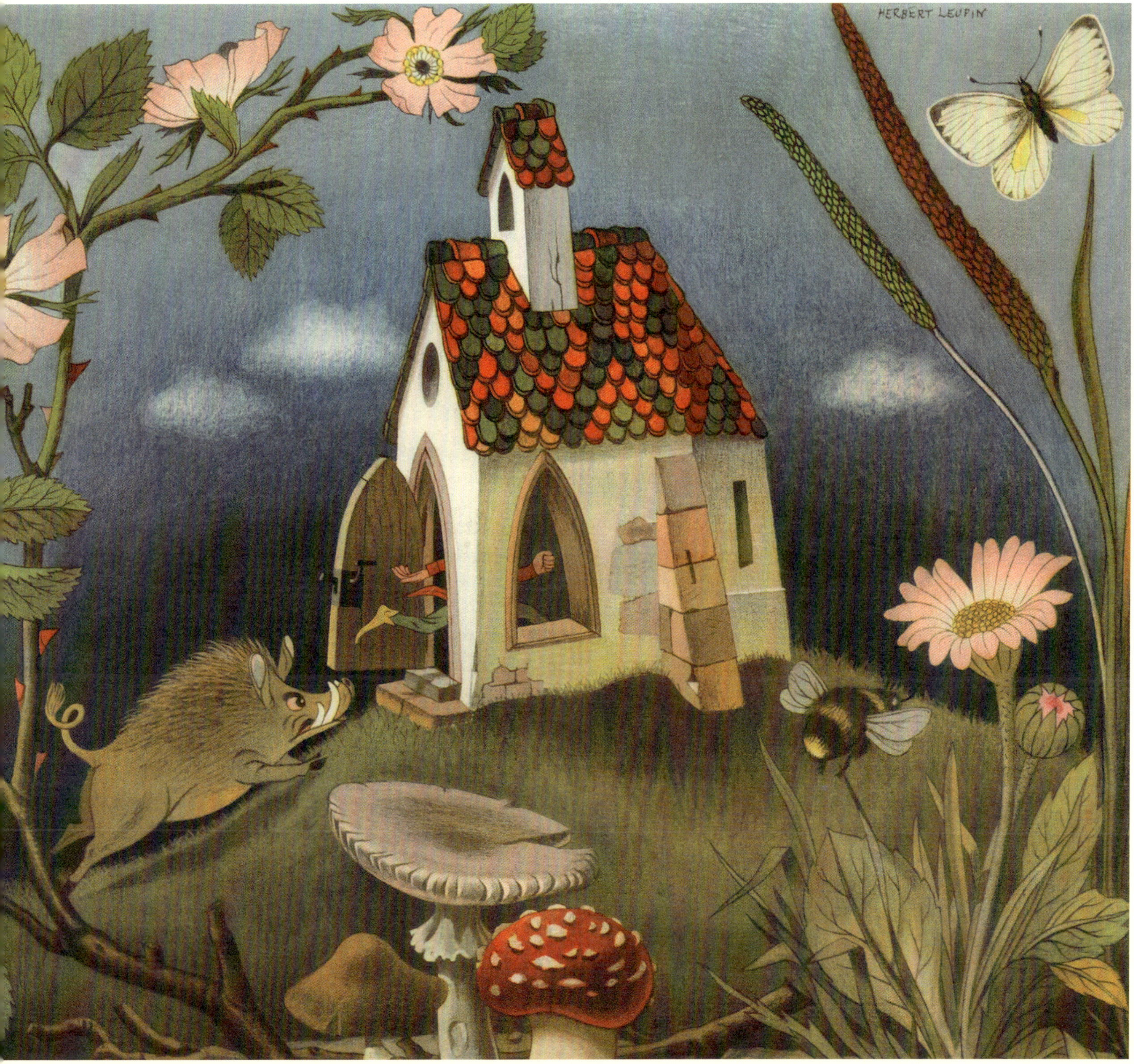
HERBERT LEUPIN

ohne Umstände aufspießen. »Sachte, sachte«, sprach er, »so geschwind geht das nicht«, blieb stehen und wartete, bis das Tier ganz nahe war, dann sprang er behände hinter den Baum. Das Einhorn rannte mit aller Kraft gegen den Baum und spießte sein Horn so fest in den Stamm, dass es nicht Kraft genug hatte, es wieder herauszuziehen, und so war es gefangen. »Jetzt hab ich das Vöglein«, sagte der Schneider, kam hinter dem Baum hervor, legte dem Einhorn den Strick erst um den Hals, dann hieb er mit der Axt das Horn aus dem Baum, und als alles getan war, führte er das Tier ab und brachte es dem König.

Der König wollte ihm den versprochenen Lohn noch nicht gewähren und stellte eine dritte Forderung. Der Schneider sollte ihm vor der Hochzeit erst ein Wildschwein fangen, das in dem Wald großen Schaden anrichtete; die Jäger sollten ihm Beistand leisten. »Gerne«, sprach der Schneider, »das ist ein Kinderspiel.« Die Jäger nahm er nicht mit in den Wald, und denen war es recht, denn das Wildschwein hatte sie schon mehrmals so empfangen, dass sie keine Lust hatten, ihm nachzustellen. Als das Schwein den Schneider erblickte, lief es mit schäumendem Mund und wetzenden Zähnen auf ihn zu und wollte ihn zur Erde werfen. Der flüchtige Held aber sprang in eine Kapelle, die in der Nähe war, und gleich oben zum Fenster in einem Satz wieder hinaus. Das Schwein war hinter ihm hergelaufen, er aber hüpfte außen herum und schlug die Türe hinter ihm zu; da war das wütende Tier gefangen, das viel zu schwer und ungeschickt war, um zum Fenster hinauszuspringen. Das Schneiderlein rief die Jäger herbei, die mussten den Gefangenen mit eigenen Augen sehen. Der Held aber begab sich zum König, der nun, er mochte wollen oder nicht, sein Versprechen halten musste und ihm seine Tochter und das halbe Königreich übergab. Hätte er gewusst, dass kein Kriegsheld, sondern ein Schneiderlein vor ihm stand, es wäre ihm noch mehr zu Herzen gegangen. Die Hochzeit wurde also mit großer Pracht und kleiner Freude gehalten und aus einem Schneider ein König gemacht.

Nach einiger Zeit hörte die junge Königin in der Nacht, wie ihr Gemahl im Traum sprach: »Junge, mach mir das Wams und flick mir die Hosen, oder ich will dir die Elle über die Ohren schlagen.« Da merkte sie, in welcher Gasse der junge Herr geboren war, klagte am nächsten Morgen ihrem Vater ihr Leid und bat, er möge ihr helfen, den Mann loszuwerden, der nichts anderes als ein Schneider wäre. Der König sprach ihr Trost zu und sagte: »Lass in der nächsten Nacht deine Schlafkammer offen, meine Diener sollen draußen stehen und, wenn er eingeschlafen ist, hineingehen, ihn festbinden und auf ein Schiff tragen, das ihn in die weite Welt führt.«

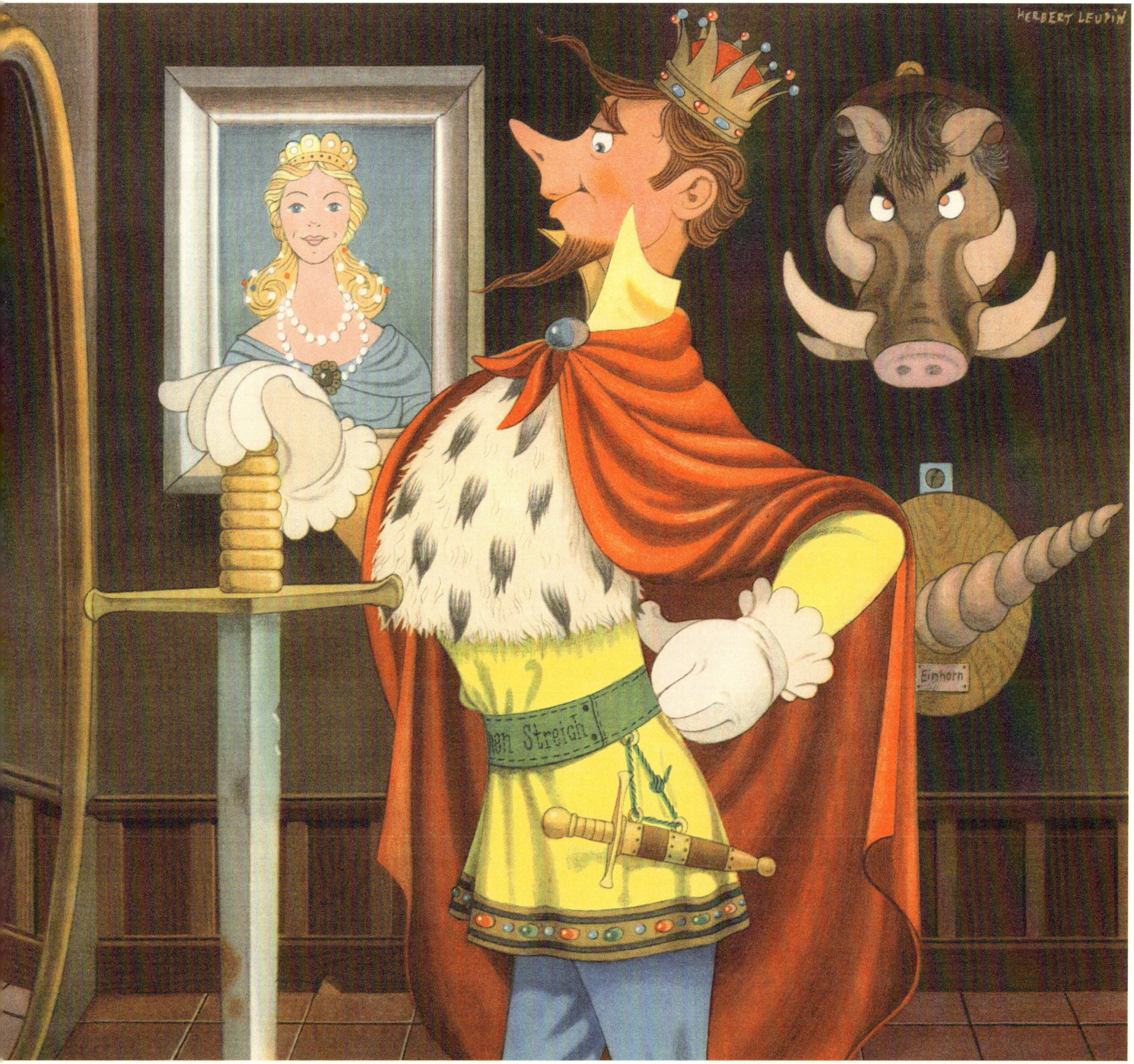
HERBERT LEUPIN
Einhorn

Die Frau war damit zufrieden. Des Königs Waffenträger aber, der alles mit angehört hatte, war dem jungen Herrn gewogen und berichtete ihm von dem ganzen Anschlag. »Dem will ich einen Riegel vorschieben«, sagte das Schneiderlein. Abends legte es sich zu gewöhnlicher Zeit mit seiner Frau zu Bett. Als sie glaubte, er sei eingeschlafen, stand sie auf, öffnete die Türe und legte sich wieder hin. Das Schneiderlein, das nur so tat, als ob es schliefe, fing an mit heller Stimme zu rufen: »Junge, mach mir das Wams und flick mir die Hosen, oder ich will dir die Elle über die Ohren schlagen! Ich habe sieben mit einem Streich getroffen, zwei Riesen getötet, ein Einhorn fortgeführt und ein Wildschwein gefangen und sollte mich vor denen fürchten, die draußen vor der Kammer stehen!« Als diese den Schneider so sprechen hörten, überkam sie eine große Furcht, sie liefen, als wenn das wilde Heer hinter ihnen wäre, und keiner wollte sich mehr an ihn wagen. Also war und blieb das Schneiderlein sein Leben lang ein König.

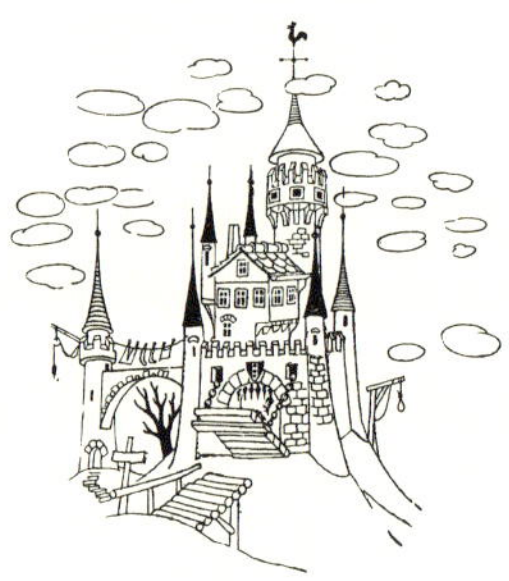

HANS
IM GLÜCK

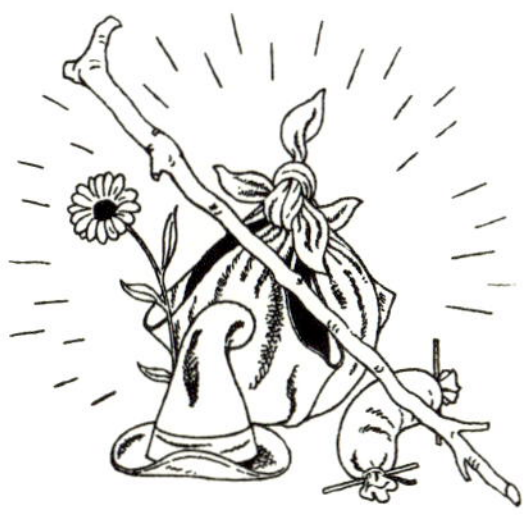

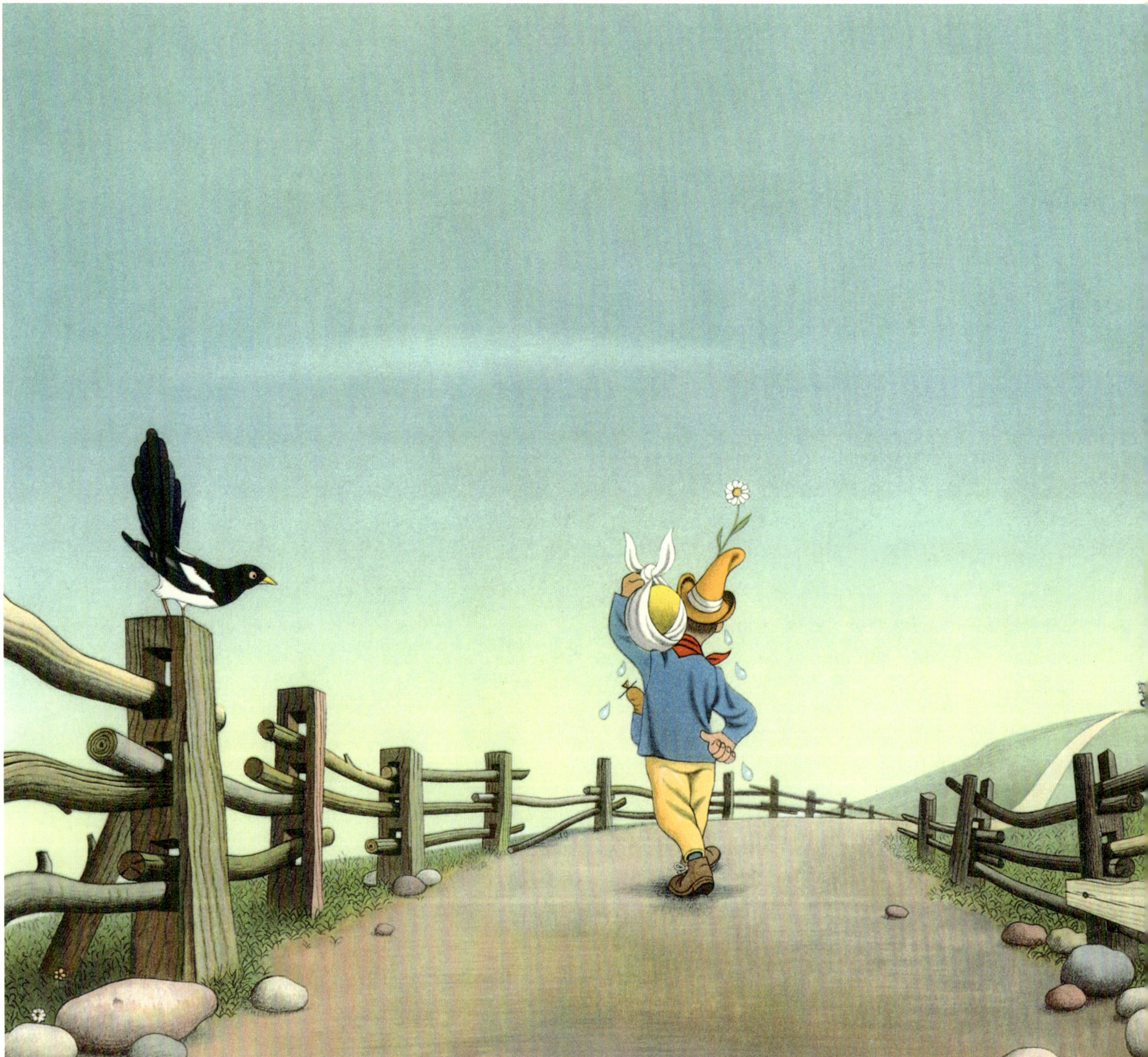

Hans hatte sieben Jahre bei seinem Herrn gedient, da sprach er zu ihm: »Herr, meine Zeit ist um, nun wollte ich gerne wieder heim zu meiner Mutter, gebt mir meinen Lohn.« Der Herr antwortete: »Du hast mir treu und ehrlich gedient. Wie der Dienst war, so soll der Lohn sein«, und gab ihm ein Stück Gold, das so groß wie Hansens Kopf war. Hans zog sein Tüchlein aus der Tasche, wickelte den Klumpen hinein, setzte ihn auf die Schulter und machte sich auf den Weg nach Hause. Wie er so dahinging und immer ein Bein vor das andere setzte, begegnete ihm ein Reiter, der frisch und fröhlich auf einem muntern Pferd vorbeitrabte. »Ach«, sprach Hans ganz laut, »was ist das Reiten für eine schöne Sache! Da sitzt einer wie auf einem Stuhl, stößt sich an keinem Stein, spart die Schuhe und kommt fort, er weiß nicht wie.« Der Reiter, der das gehört hatte, hielt an und rief: »Ei, Hans, warum läufst du auch zu Fuß?« – »Ich muss ja wohl«, antwortete Hans. »Ich habe einen Klumpen heimzutragen. Es ist zwar Gold, aber ich kann den Kopf dabei nicht gerade halten, auch drückt mir der Klumpen auf die Schulter.« – »Weißt du was«, sagte der Reiter, »wir wollen tauschen. Ich gebe dir mein Pferd, und du gibst mir deinen Klumpen.« – »Von Herzen gern«, sprach Hans, »aber ich sage Euch, Ihr müsst Euch damit plagen.« Der Reiter stieg ab, nahm das Gold und half Hans hinauf. Er gab ihm die Zügel fest in die Hände und sprach: »Wenn es nun recht geschwind gehen soll, so musst du mit der Zunge schnalzen und hopphopp rufen.«

Hans war seelenfroh, als er auf dem Pferd saß und so frank und frei dahinritt. Nach einem Weilchen fiel ihm ein, dass es doch noch schneller gehen könnte, und er fing an mit der Zunge zu schnalzen und hopphopp zu rufen. Das Pferd begann zu traben, und ehe Hans es sich versah, war er abgeworfen und lag in einem Graben, der die Äcker von der Landstraße trennte. Das Pferd wäre durchgegangen, wenn es nicht ein Bauer aufgehalten hätte, der des Weges kam und eine Kuh vor sich hertrieb. Hans suchte seine Glieder zusammen und machte sich wieder auf die Beine.

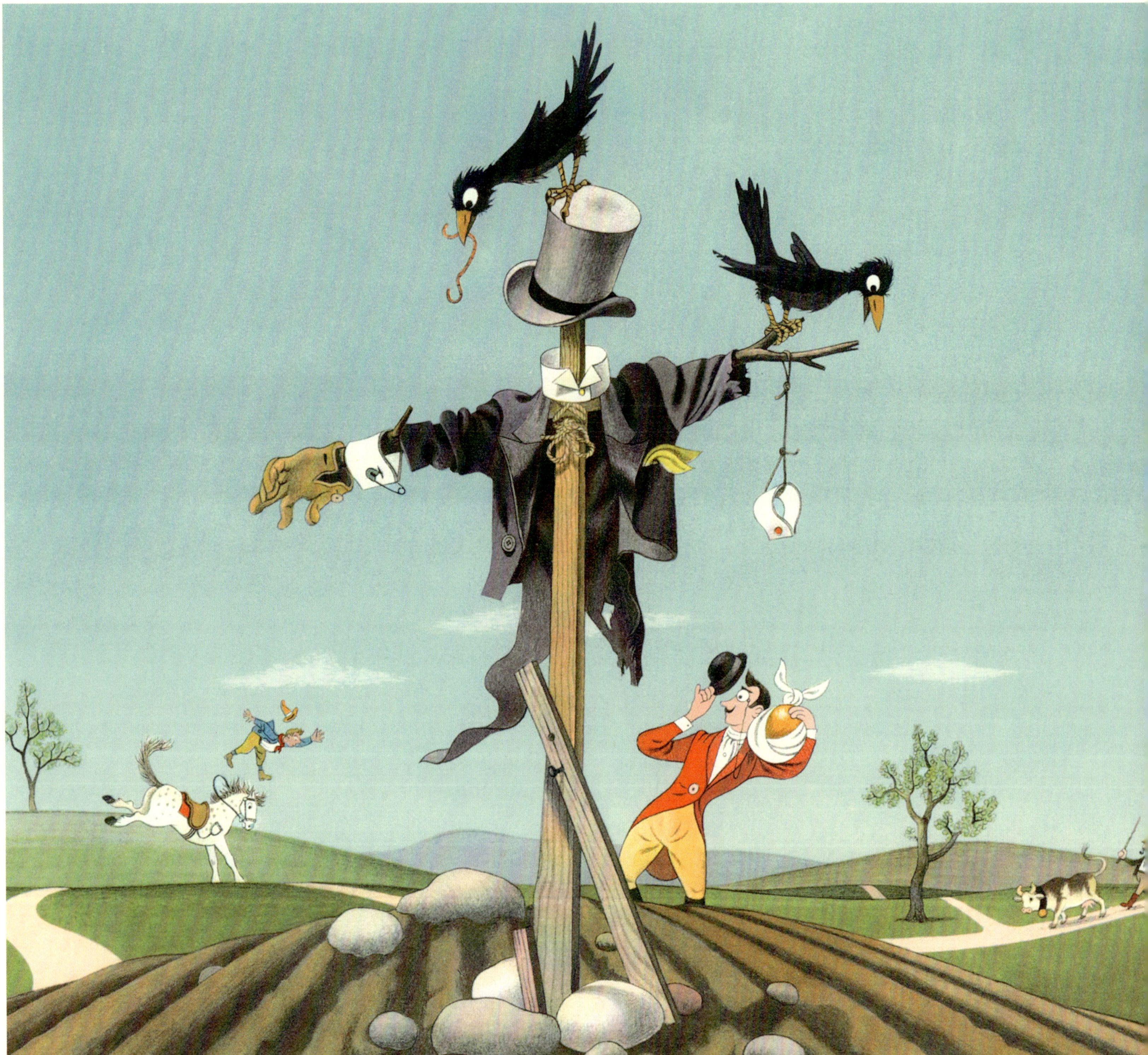

Missmutig sprach er zu dem Bauern: »Es ist ein schlechter Spaß, das Reiten, zumal, wenn man auf so eine Mähre gerät wie diese, die stößt und einen abwirft, sodass man sich den Hals brechen kann; ich setze mich nie und nimmermehr wieder auf ein Pferd. Da lob ich mir Eure Kuh, da kann einer mit Gemächlichkeit hinter ihr hergehen und hat obendrein noch Milch, Butter und Käse jeden Tag. Was gäbe ich darum, wenn ich so eine Kuh hätte!« – »Nun«, sprach der Bauer, »geschieht Euch so ein großer Gefallen, so will ich Euch wohl die Kuh für das Pferd austauschen.« Hans willigte mit tausend Freuden ein. Der Bauer schwang sich aufs Pferd und ritt eilig davon.

Hans trieb seine Kuh ruhig vor sich her und dachte an den glücklichen Handel. »Habe ich nur ein Stück Brot, und daran wird es mir doch nicht fehlen, so kann ich, sooft es mir beliebt, Butter und Käse dazu essen. Hab ich Durst, so melke ich meine Kuh und trinke die Milch. Herz, was verlangst du mehr?« Als er zu einem Wirtshaus kam, machte er halt und aß freudig alles, was er bei sich hatte, sein Mittags- und Abendbrot, auf. Dann ließ er sich für seine letzten paar Heller ein halbes Glas Bier einschenken. Danach trieb er seine Kuh weiter, immer weiter dem Dorf seiner Mutter zu. Die Hitze wurde drückender, je näher der Mittag kam, und Hans befand sich inmitten einer Heide, und der Weg dauerte bestimmt noch eine Stunde.

Da wurde es ihm ganz heiß, sodass ihm vor Durst die Zunge am Gaumen klebte. »Dem ist abzuhelfen«, dachte Hans, »jetzt will ich meine Kuh melken und mich an der Milch laben.« Er band die Kuh an einen dürren Baum, und da er keinen Eimer hatte, stellte er seine Ledermütze unter die Kuh. Aber sosehr er sich auch bemühte, es kam kein Tropfen Milch zum Vorschein. Und weil er sich ungeschickt anstellte, gab ihm das ungeduldige Tier mit einem seiner Hinterfüße einen solchen Schlag an den Kopf, dass er zu Boden taumelte und eine Zeit lang nicht mehr wusste, wo er war.

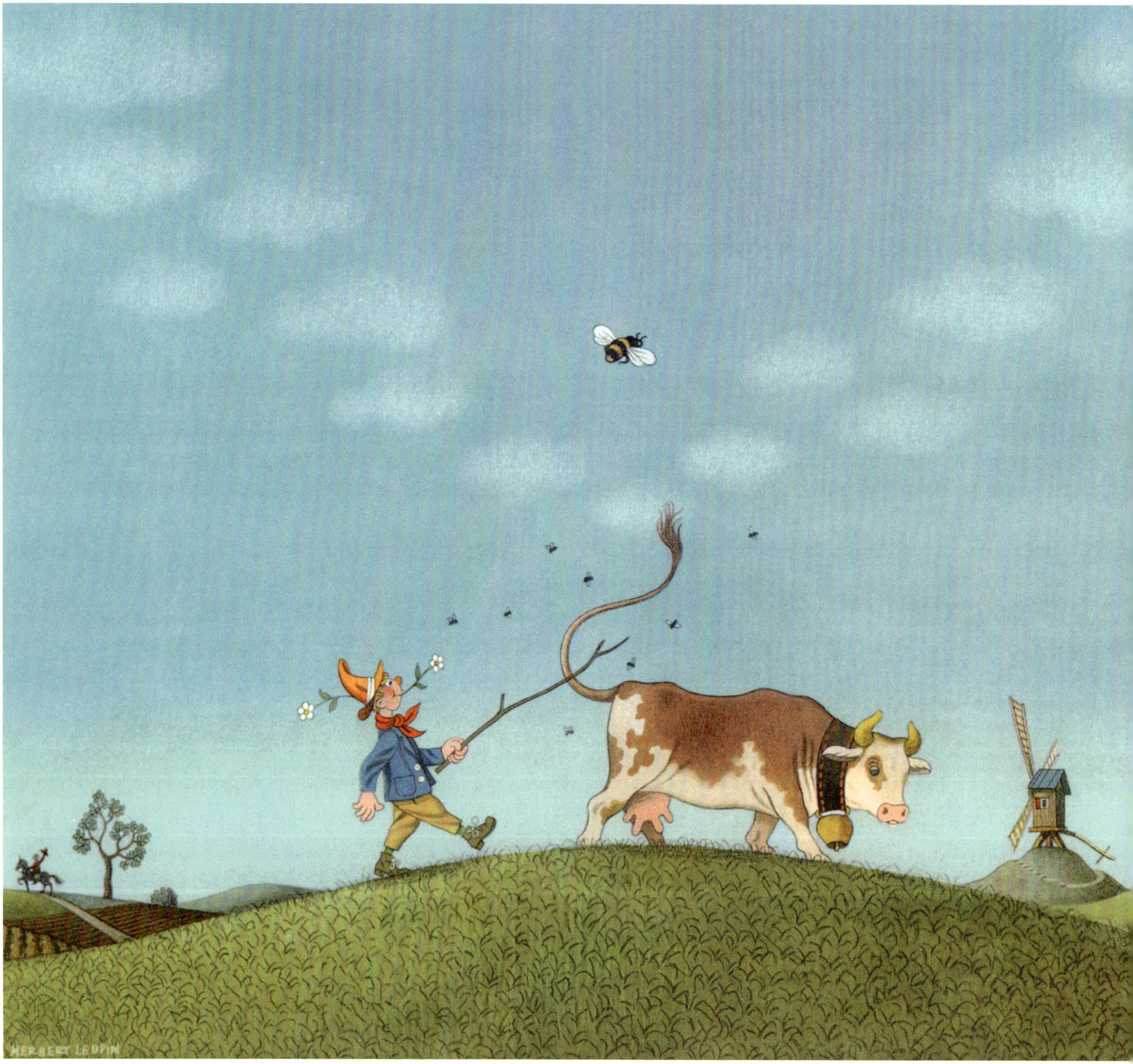
HERBERT LEUPIN

Glücklicherweise kam gerade ein Metzger des Weges, der auf einem Schubkarren ein junges Schwein liegen hatte. »Was sind das für Streiche!«, rief er und half dem guten Hans auf. Hans erzählte ihm, was vorgefallen war. Der Metzger reichte ihm seine Flasche und sagte: »Da trinkt und erholt Euch. Die Kuh will wohl keine Milch geben. Das ist ein altes Tier, das höchstens noch zum Ziehen taugt oder zum Schlachten.« – »Ei, ei«, sprach Hans, und strich sich die Haare über den Kopf, »wer hätte das gedacht! Es ist freilich gut, wenn man so eine Kuh zum Schlachten hat. Das gibt Fleisch. Aber ich mache mir nicht so viel aus Kuhfleisch. Es ist mir nicht saftig genug. Ja, wenn ich so ein junges Schwein hätte! Das schmeckt anders, und dazu hat man noch die Würste.« »Hört, Hans«, sprach da der Metzger, »Euch zuliebe will ich tauschen. Ich will Euch das Schwein für die Kuh lassen.« – »Gott lohn Euch Eure Freundschaft«, sprach Hans, übergab dem Bauern die Kuh, ließ sich das Schweinchen vom Karren losmachen und nahm den Strick, an den es gebunden war, in die Hand.

Hans zog weiter und freute sich, wie doch alles nach seinem Wunsch verlief. Geschah ihm eine Verdrießlichkeit, so wurde sie gleich wieder gutgemacht. Bald gesellte sich ein Bursche zu ihm, der eine schöne weiße Gans unter dem Arm trug. Sie vertrieben einander die Zeit, und Hans fing an von seinem Glück zu erzählen und wie er immer so vorteilhaft getauscht hätte. Der Bursche erzählte Hans, dass er die Gans zu einem Taufessen brächte. »Hebt einmal«, fuhr er fort, und packte die Gans bei den Flügeln. »Seht her, wie schwer sie ist. Sie ist aber auch acht Wochen lang gemästet worden. Wer in den Braten beißt, muss sich das Fett vom Mund abwischen.« – »Ja«, sprach Hans und wog die Gans mit der einen Hand. »Die hat ein schönes Gewicht, aber mein Schwein ist auch nicht schlecht.«

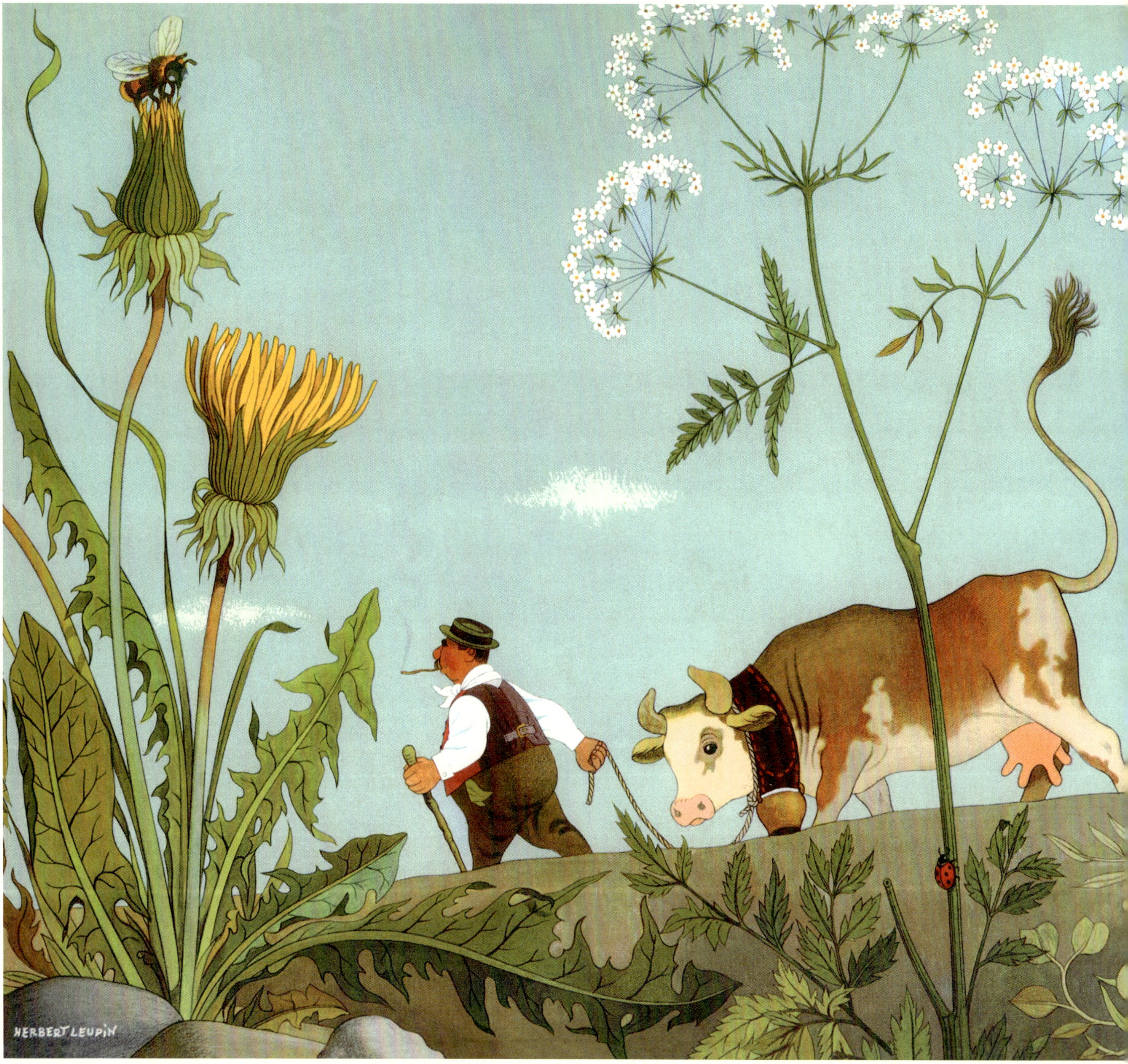
HERBERT LEUPIN

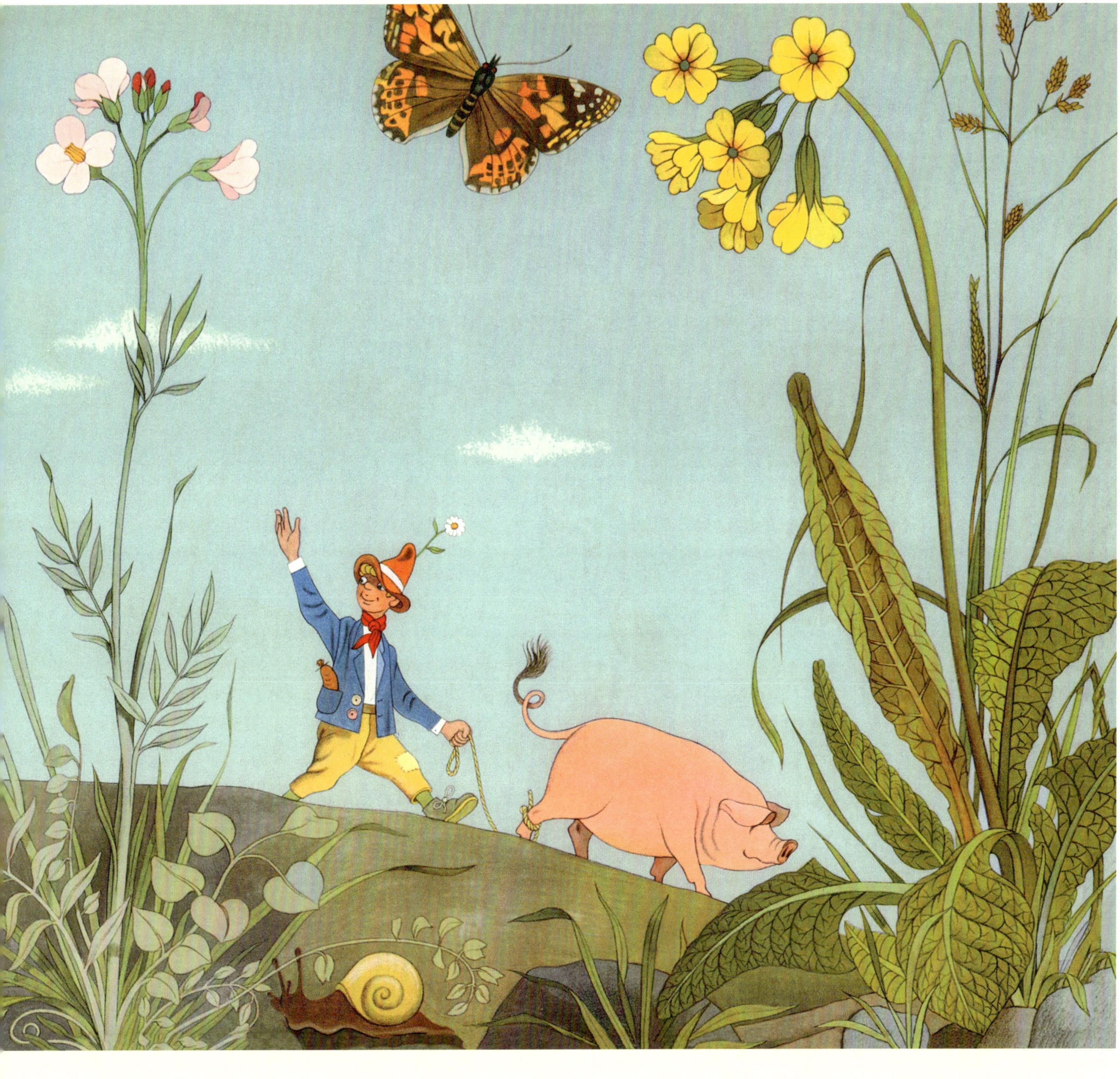

Indessen sah sich der Bursche vorsichtig nach allen Seiten um und schüttelte nachdenklich den Kopf. »Hört«, fing er darauf an. »Mit Eurem Schwein stimmt etwas nicht. In dem Dorf, durch das ich gekommen bin, ist eben dem Schulzen eins aus dem Stall gestohlen worden. Ich fürchte, Ihr habt genau dieses Schwein da am Strick. Sie haben Leute ausgeschickt, um es zu suchen, und es wäre ein schlimmer Handel, wenn sie Euch mit dem Schwein erwischten: Das geringste Unglück wäre, dass Ihr ins finstere Loch gesteckt würdet.« Dem guten Hans wurde bang. »Ach Gott«, sprach er, »helft mir aus der Not, Ihr kennt euch besser aus. Nehmt mein Schwein und lasst mir dafür Eure Gans.« – »Ich muss schon etwas aufs Spiel setzen«, antwortete der Bursche. »Aber ich will nicht schuld sein, dass Ihr in ein Unglück geratet.« Er nahm also den Strick in die Hand und trieb das Schwein schnell auf einem Seitenweg fort.

Der gute Hans aber ging, seiner Sorgen entledigt, mit der Gans unter dem Arm der Heimat zu. »Wenn ich es recht überlege«, sprach er mit sich selbst, »habe ich nur Vorteile bei dem Tausch: den guten Braten, das viele Fett, das heraustráufeln wird, das gibt Gänsefettbrot für ein Vierteljahr. Und endlich die schönen weißen Federn, die lass ich mir in mein Kopfkissen stopfen, und darauf will ich wohl ungewiegt einschlafen. Was wird meine Mutter eine Freude haben!«

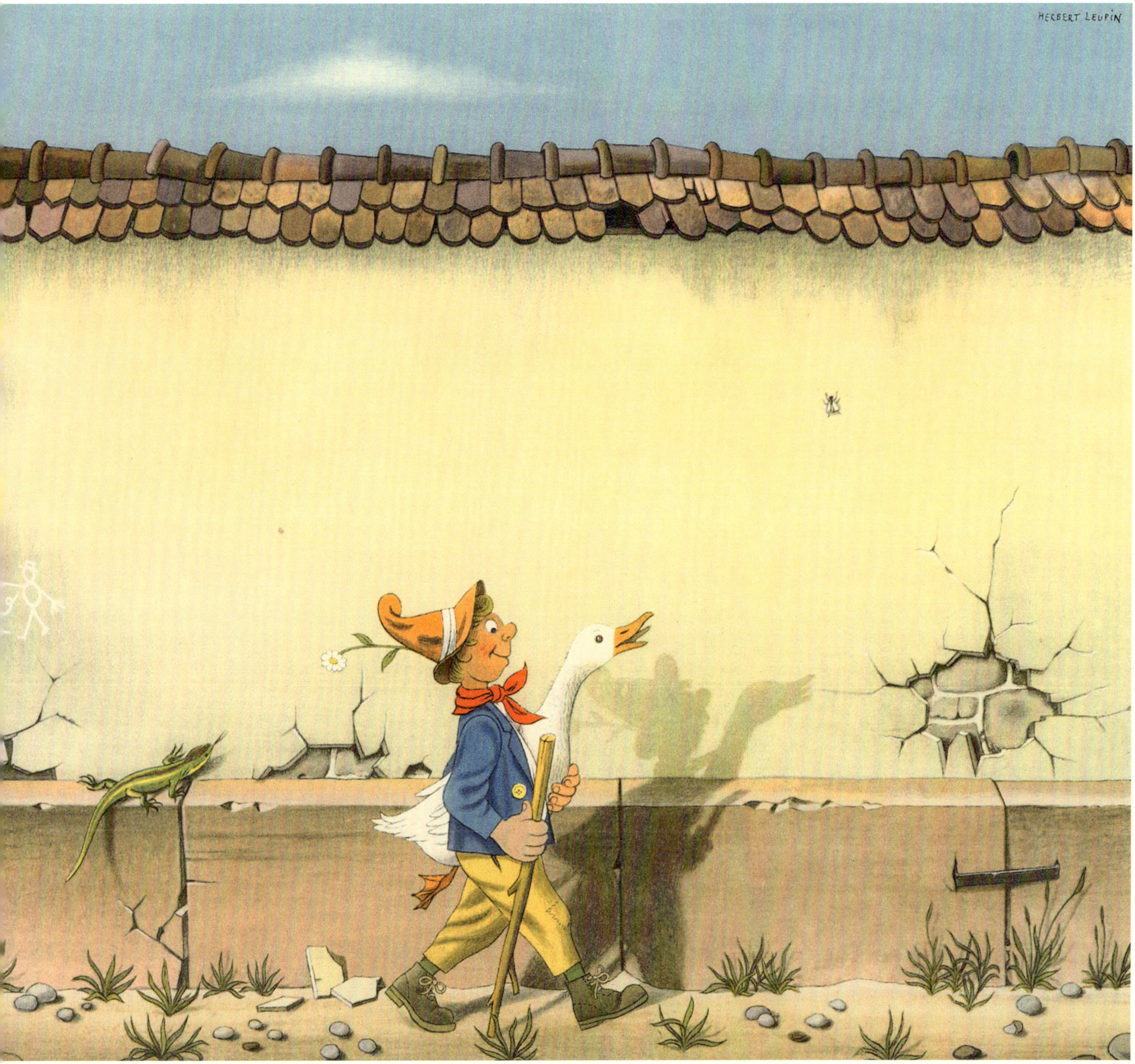
HERBERT LEUPIN

Als Hans durch das letzte Dorf gegangen war, stand da ein Scherenschleifer mit seinem Karren. Sein Rad schnurrte, und er sang dazu:

»Ich schleife die Schere
und drehe geschwind,
und hänge mein Mäntelchen
nach dem Wind.«

Hans blieb stehen und sah ihm zu. Nach einer Weile redete er ihn an, und sagte: »Euch geht es sicher gut, weil Ihr so lustig beim Schleifen seid.« »Ja«, antwortete der Scherenschleifer, »das Handwerk hat einen goldenen Boden. Ein rechter Schleifer ist ein Mann, der, sooft er in die Tasche greift, auch Geld darin findet. Aber wo habt Ihr die schöne Gans gekauft?« – »Die hab ich nicht gekauft, sondern für mein Schwein eingetauscht.« »Und das Schwein?« – »Das hab ich für eine Kuh gekriegt.« – »Und die Kuh?« – »Die hab ich für ein Pferd bekommen.« – »Und das Pferd?« – »Dafür hab ich einen Klumpen Gold, so groß wie mein Kopf, gegeben.« – »Und das Gold?« – »Ei, das war mein Lohn für sieben Jahre Arbeit.« – »Ihr habt Euch jederzeit zu helfen gewusst«, sprach der Schleifer, »wenn Ihr nun erreicht, dass Ihr das Geld in der Tasche klimpern hört, sobald ihr aufsteht, habt Ihr Euer Glück gemacht.« – »Wie soll das gehen?«, fragte Hans. »Ihr müsst halt ein Schleifer werden wie ich; dazu gehört eigentlich nichts als ein Wetzstein. Alles andere geht von selbst. Da hab ich einen Wetzstein, der ist zwar ein wenig schadhaft, dafür sollt Ihr mir aber auch weiter nichts als Eure Gans geben. Wollt ihr das?« – »Wie könnt Ihr noch fragen«, antwortete Hans, »ich werde ja zum glücklichsten Menschen auf Erden. Dann habe ich Geld, sooft ich in die Tasche greife, was brauche ich mich da länger zu sorgen?« Hans reichte ihm die Gans und nahm den Wetzstein in Empfang. »Nun«, sprach der Schleifer, und hob einen gewöhnlichen schweren Feldstein, der neben ihm lag, auf, »da habt Ihr noch einen tüchtigen Stein dazu, auf dem es sich gut schlagen lässt und Ihr Eure alten Nägel gerade klopfen könnt. Nehmt ihn und hebt ihn ordentlich auf.«

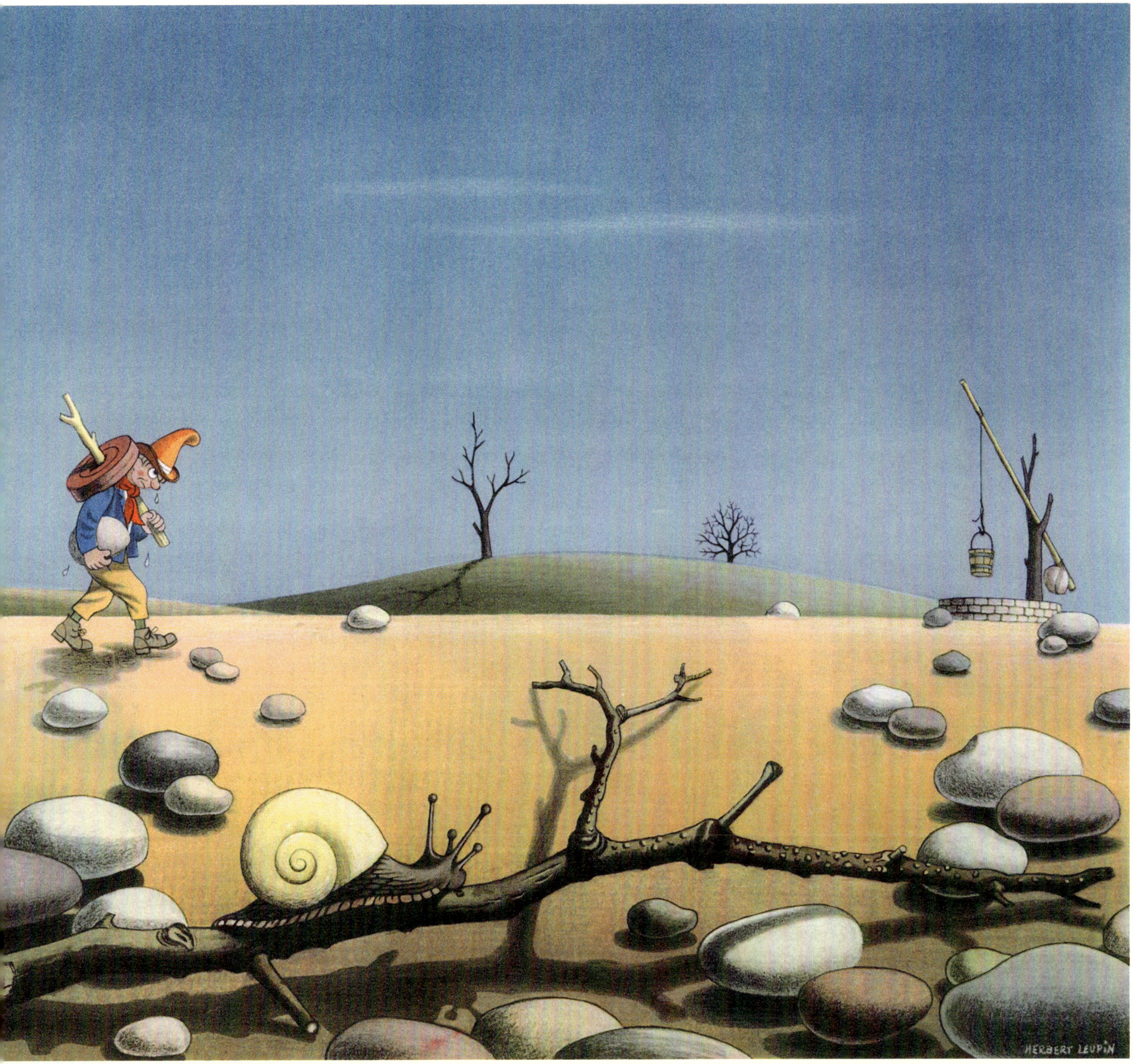
HERBERT LEUPIN

Hans nahm den Stein und ging vergnügten Herzens weiter. Seine Augen leuchteten vor Freude. »Ich muss in einer Glückshaut geboren sein!«, rief er aus. »Alles, was ich wünsche, trifft ein wie bei einem Sonntagskind.« Indessen, weil er seit Tagesanbruch auf den Beinen gewesen war, begann er müde zu werden. Auch plagte ihn der Hunger. Doch da er alle Vorräte in der Freude über die erhandelte Kuh auf einmal aufgegessen hatte, konnte er nur mit Mühe weitergehen und musste jeden Augenblick haltmachen. Dabei drückten ihn die Steine ganz erbärmlich. Da konnte er sich des Gedankens nicht erwehren, wie gut es wäre, wenn er die Steine gerade jetzt nicht zu tragen bräuchte. Wie eine Schnecke kam er zu einem Feldbrunnen geschlichen, wollte da ruhen und sich mit einem frischen Trunk laben. Damit er aber die Steine im Niedersitzen nicht beschädigte, legte er sie behutsam neben sich auf den Rand des Brunnens. Daraufhin setzte er sich nieder und wollte sich zum Trinken bücken. Da stieß er die Steine versehentlich an, und sie plumpsten in den Brunnen. Als Hans sie in die Tiefe fallen sah, sprang er vor Freude auf, kniete nieder und dankte Gott mit Tränen in den Augen, dass er ihm auch diese Gnade noch erwiesen hatte und ihn auf so eine gute Art und ohne dass er sich einen Vorwurf zu machen brauchte von den schweren Steinen befreit hätte, die ihm nichts als hinderlich gewesen wären. »So glücklich wie ich«, rief er aus, »gibt es keinen Menschen unter der Sonne!«

Mit leichtem Herzen und frei von aller Last sprang er nun fort, bis er daheim bei seiner Mutter war.

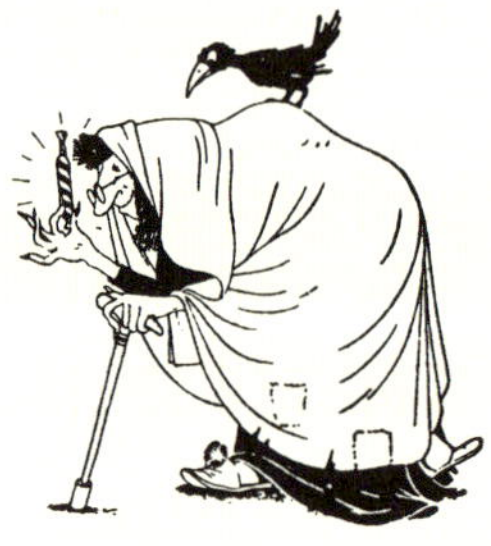

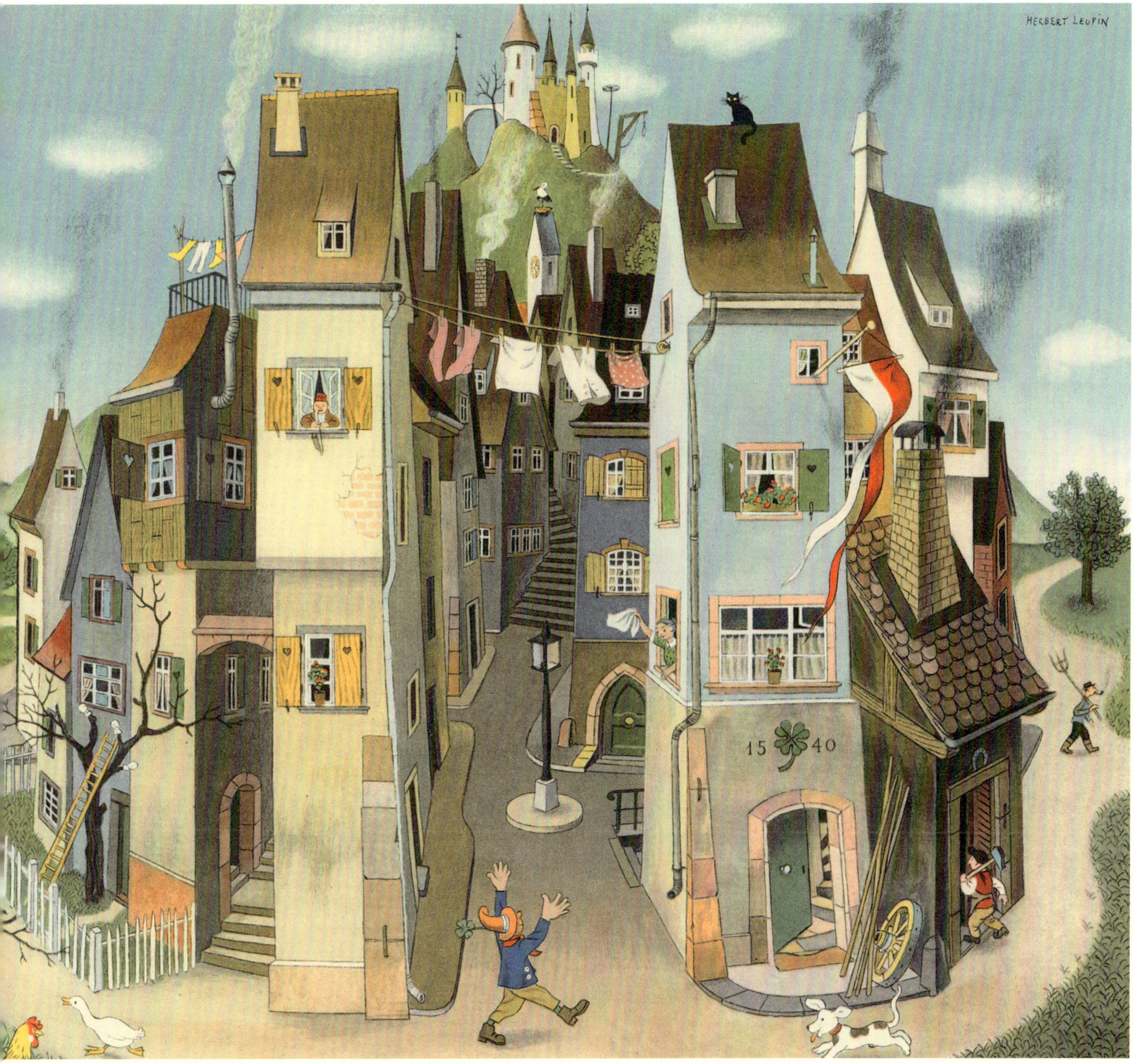
HERBERT LEUPIN
15 40

HÄNSEL UND GRETEL

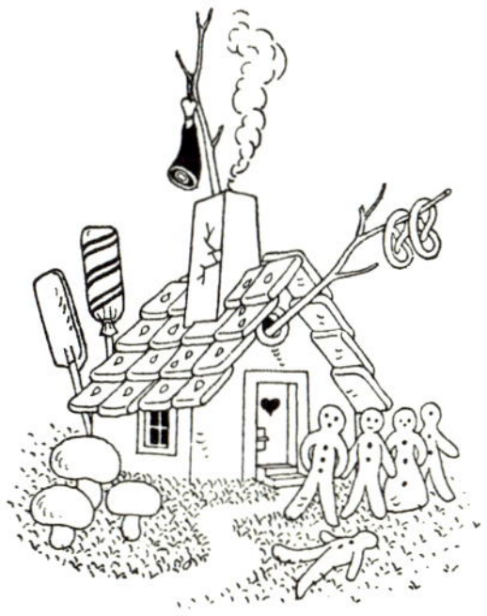

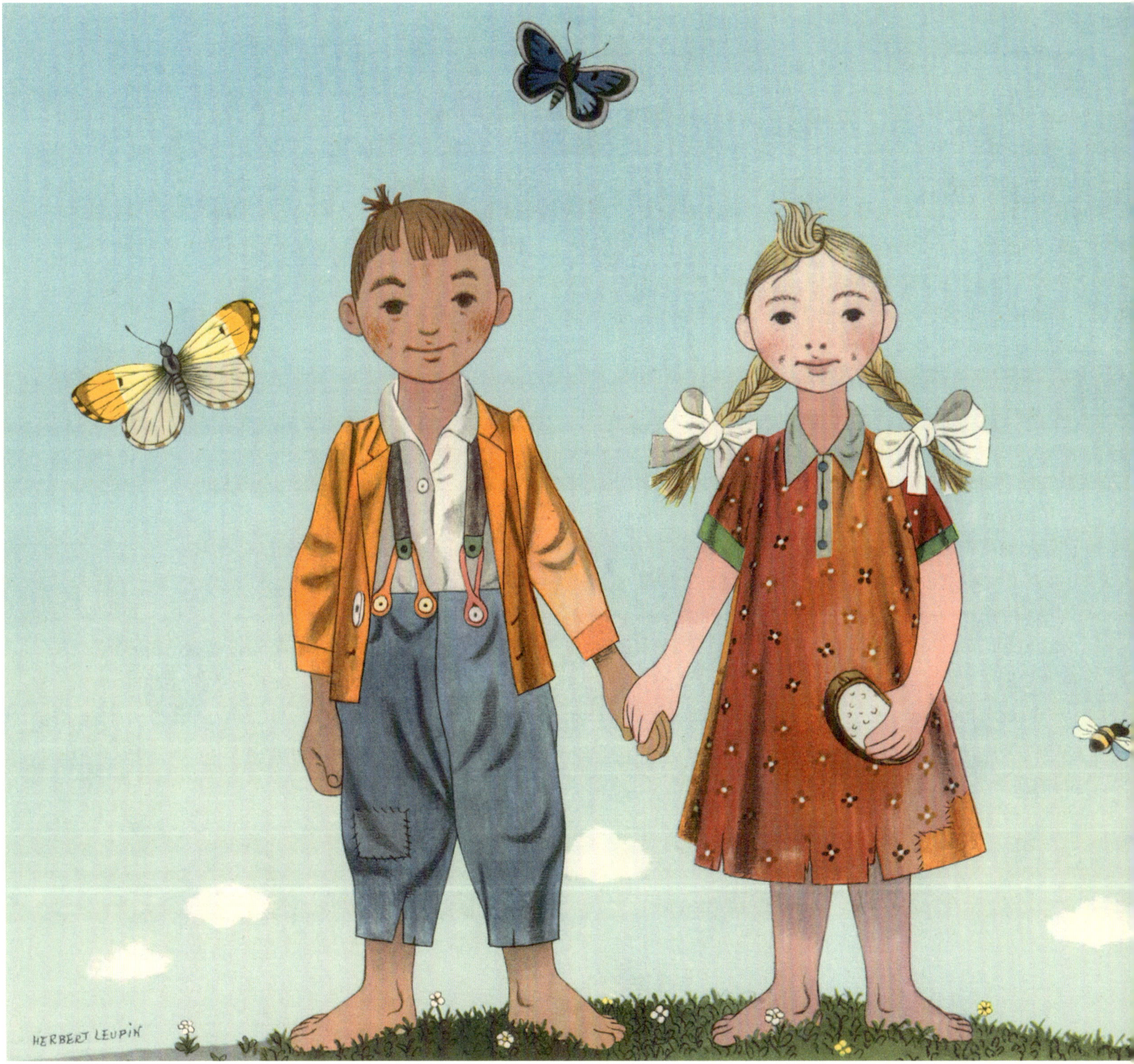
HERBERT LEUPIN

Vor einem großen Wald wohnte ein armer Holzhacker mit seiner Frau und seinen zwei Kindern; das Bübchen hieß Hänsel und das Mädchen Gretel. Er hatte wenig zu beißen und zu brechen, und einmal, als große Teuerung ins Land kam, konnte er auch das tägliche Brot nicht mehr beschaffen. Wie er sich nun abends im Bett Gedanken machte und sich vor Sorgen herumwälzte, seufzte er und sprach zu seiner Frau: »Was soll aus uns werden? Wie können wir unsere armen Kinder ernähren, wenn wir für uns selbst nichts mehr haben?« – »Weißt du was, Mann«, antwortete die Frau, »wir wollen morgen in aller Frühe die Kinder hinaus in den Wald führen, wo er am dichtesten ist. Da machen wir ihnen ein Feuer an und geben jedem noch ein Stückchen Brot, dann gehen wir an unsere Arbeit und lassen sie allein. Sie finden den Weg nicht wieder nach Hause, und wir sind sie los.« »Nein, Frau«, sagte der Mann, »das tue ich nicht; wie sollte ich es übers Herz bringen, meine Kinder im Wald alleinzulassen. Die wilden Tiere würden bald kommen und sie zerreißen.« – »Oh, du Narr«, sagte sie, »dann müssen wir alle vier verhungern, du kannst uns die Bretter für die Särge hobeln«, und ließ ihm keine Ruhe, bis er einwilligte. »Aber die armen Kinder tun mir doch leid«, sagte der Mann.

Die zwei Kinder hatten vor Hunger auch nicht einschlafen können und hatten gehört, was die Stiefmutter zum Vater gesagt hatte. Gretel weinte bittere Tränen und sagte zu Hänsel: »Nun ist es um uns geschehen.« – »Still, Gretel«, sagte Hänsel, »gräme dich nicht, ich will uns schon helfen.« Und als die Alten eingeschlafen waren, stand er auf, zog sein Röcklein an, machte die Türe auf und schlich sich hinaus. Da schien der Mond ganz hell, und die weißen Kieselsteine, die vor dem Haus lagen, glänzten wie neue Münzen. Hänsel bückte sich und steckte so viele in sein Rocktäschlein, wie nur hineinpassten. Dann ging er wieder zurück und sagte zu Gretel: »Sei unbesorgt, liebes Schwesterchen, und schlaf nur ruhig ein, Gott wird uns nicht verlassen«, und legte sich wieder in sein Bett.

Als der Tag anbrach, noch ehe die Sonne aufgegangen war, kam schon die Frau und weckte die Kinder: »Steht auf, ihr Faulenzer, wir wollen in den Wald gehen und Holz holen.« Dann gab sie jedem ein Stückchen Brot und sprach: »Da habt ihr etwas für den Mittag, aber esst es nicht vorher auf, weiter kriegt ihr nichts.« Gretel nahm das Brot unter die Schürze, weil Hänsel die Steine in der Tasche hatte. Danach machten sie sich alle zusammen auf den Weg zum Wald. Als sie ein Weilchen gegangen waren, stand Hänsel still und guckte zum Haus zurück und tat das wieder und immer wieder.

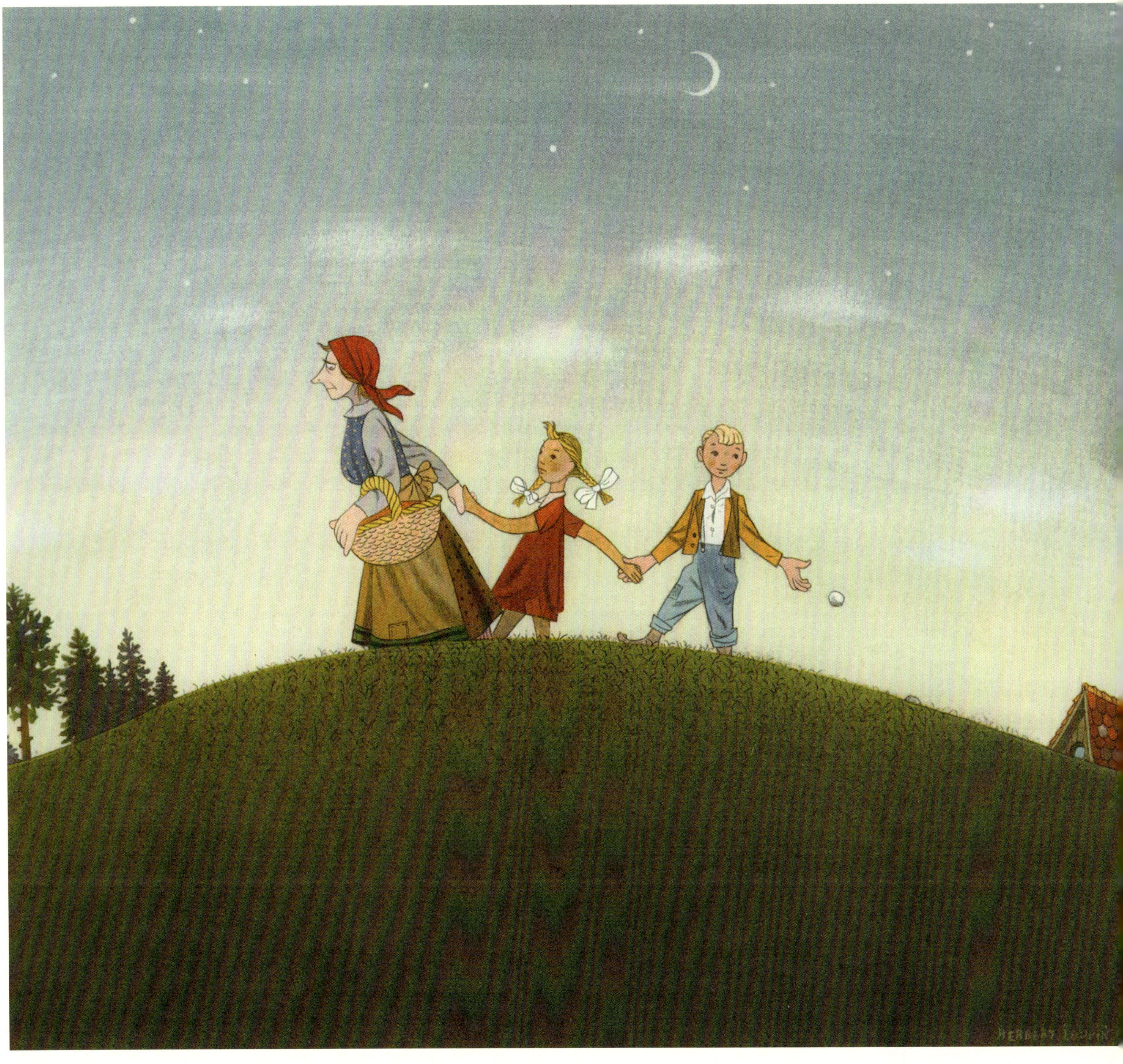

Der Vater sprach: »Hänsel, was guckst du da und bleibst zurück, hab acht und beeile dich!« – »Ach, Vater«, sagte Hänsel, »ich sehe nach meinem weißen Kätzchen, das sitzt oben auf dem Dach und will mir Ade sagen.« Die Frau sprach: »Narr, das ist dein Kätzchen nicht, das ist die Morgensonne, die auf den Schornstein scheint.« Hänsel aber hatte nicht nach dem Kätzchen gesehen, sondern immer einen von den blanken Kieselsteinen aus seiner Tasche auf den Weg geworfen.

Als sie mitten in den Wald gekommen waren, sagte der Vater: »Nun sammelt Holz, ihr Kinder, ich will ein Feuer anmachen, damit ihr nicht friert.« Hänsel und Gretel trugen Reisig zusammen, einen kleinen Berg hoch. Das Reisig wurde angezündet, und als die Flamme recht hoch brannte, sagte die Frau: »Nun legt euch ans Feuer, Kinder, und ruht euch aus, wir gehen in den Wald und hauen Holz. Wenn wir fertig sind, kommen wir wieder und holen euch ab.«

Hänsel und Gretel saßen um das Feuer, und als es Mittag war, aß jedes Kind sein Stücklein Brot. Und weil sie die Schläge der Holzaxt hörten, glaubten sie, ihr Vater wäre in der Nähe. Es war aber nicht die Holzaxt, es war ein Ast, den der Vater an einen dürren Baum gebunden hatte und den der Wind hin und her schlug. Und nachdem die Kinder lange so gesessen hatten, fielen ihnen die Augen vor Müdigkeit zu, und sie schliefen fest ein. Als sie endlich erwachten, war es schon finstere Nacht. Gretel fing an zu weinen und fragte: »Wie sollen wir nun aus dem Wald kommen?« Hänsel aber tröstete sie: »Wart nur ein Weilchen, bis der Mond aufgegangen ist, dann werden wir den Weg schon finden.«

Und als der volle Mond aufgestiegen war, nahm Hänsel sein Schwesterchen an der Hand und ging den Kieselsteinen nach, die wie neue Münzen schimmerten und ihnen den Weg zeigten. Sie gingen die ganze Nacht hindurch und kamen bei anbrechendem Tag wieder zum Haus ihres Vaters. Sie klopften an die Türe, und als die Frau aufmachte und sah, dass es Hänsel und Gretel waren, sprach sie: »Ihr bösen Kinder, was habt ihr so lange im Wald geschlafen, wir haben geglaubt, ihr wolltet gar nicht wiederkommen.« Der Vater aber freute sich, denn es war ihm zu Herzen gegangen, dass er sie so allein zurückgelassen hatte.

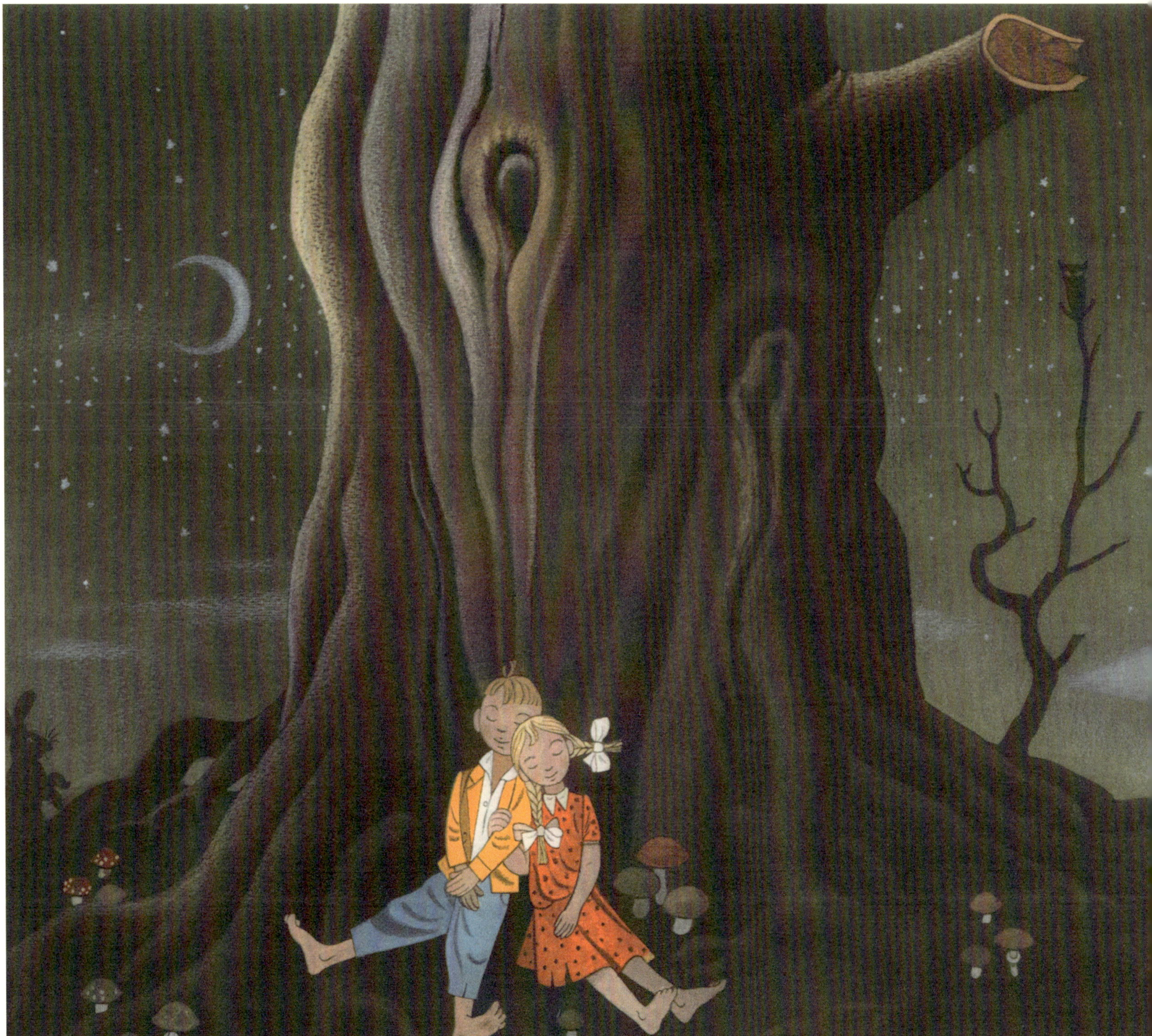

Nicht lange danach war wieder Not in allen Ecken, und die Kinder hörten, wie die Mutter nachts im Bett zu dem Vater sprach: »Alles ist wieder aufgezehrt, wir haben noch einen halben Laib Brot, danach hat das Lied ein Ende. Die Kinder müssen fort, wir wollen sie tiefer in den Wald hineinführen, damit sie den Weg nicht wieder herausfinden; es gibt sonst keine Rettung für uns.« Dem Mann tat es leid, und er dachte: »Es wäre besser, wenn du den letzten Bissen mit deinen Kindern teiltest.« Aber die Frau hörte auf nichts, was er sagte, schalt ihn und machte ihm Vorwürfe. Wer A sagt, muss auch B sagen, und weil er das erste Mal nachgegeben hatte, so musste er auch zum zweiten Mal nachgeben.

Die Kinder waren aber noch wach gewesen und hatten das Gespräch mitangehört. Als die Alten schliefen, stand Hänsel wieder auf, wollte hinaus und die Kieselsteine auflesen wie das vorige Mal; aber die Frau hatte die Türe verschlossen, und Hänsel konnte nicht hinaus. Aber er tröstete sein Schwesterchen und sagte: »Weine nicht, Gretel, und schlaf nur ruhig, der liebe Gott wird uns schon helfen.« Am frühen Morgen kam die Frau und holte die Kinder aus dem Bett. Sie erhielten ihr Stückchen Brot. Das war aber noch kleiner als das vorige Mal. Auf dem Weg zum Wald bröckelte Hänsel das Brot in der Tasche, stand oft still und warf ein Bröcklein auf die Erde. »Hänsel, was stehst du und guckst dich um?«, sagte der Vater. »Geh deiner Wege!« – »Ich sehe nach meinem Täubchen, das sitzt auf dem Dach und will mir Ade sagen«, antwortete Hänsel. »Narr«, sagte die Frau, »das ist dein Täubchen nicht, das ist die Morgensonne, die auf den Schornstein oben scheint.« Hänsel aber warf nach und nach alle Bröcklein auf den Weg.

Die Frau führte die Kinder noch tiefer in den Wald, wo sie noch nie im Leben gewesen waren. Da wurde wieder ein großes Feuer angemacht, und die Mutter sagte: »Bleibt nur da sitzen, ihr Kinder, und wenn ihr müde seid, könnt ihr ein wenig schlafen. Wir gehen in den Wald und hauen Holz, und abends, wenn wir fertig sind, kommen wir und holen euch ab.« Als es Mittag war, teilte Gretel ihr Brot mit Hänsel, der sein Stück auf den Weg gestreut hatte. Dann schliefen sie ein, und der Abend verging, aber niemand kam zu den armen Kindern. Sie erwachten erst in der finstern Nacht, und Hänsel tröstete sein Schwesterchen und sagte: »Wart nur, Gretel, bis der Mond aufgeht, dann werden wir die Brotbröcklein sehen, die ich ausgestreut habe, die zeigen uns den Weg nach Hause.«

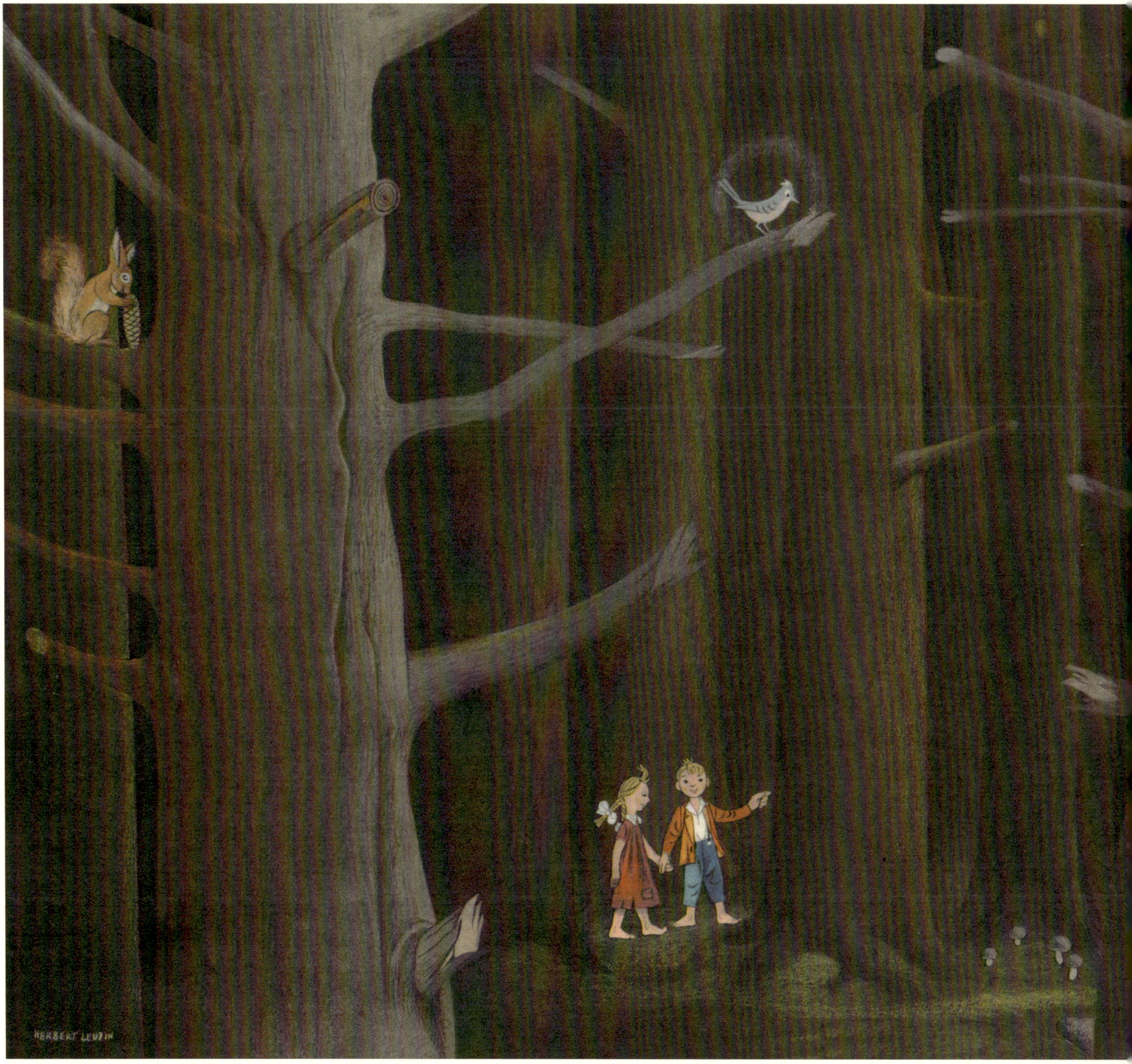
HERBERT LEUPIN

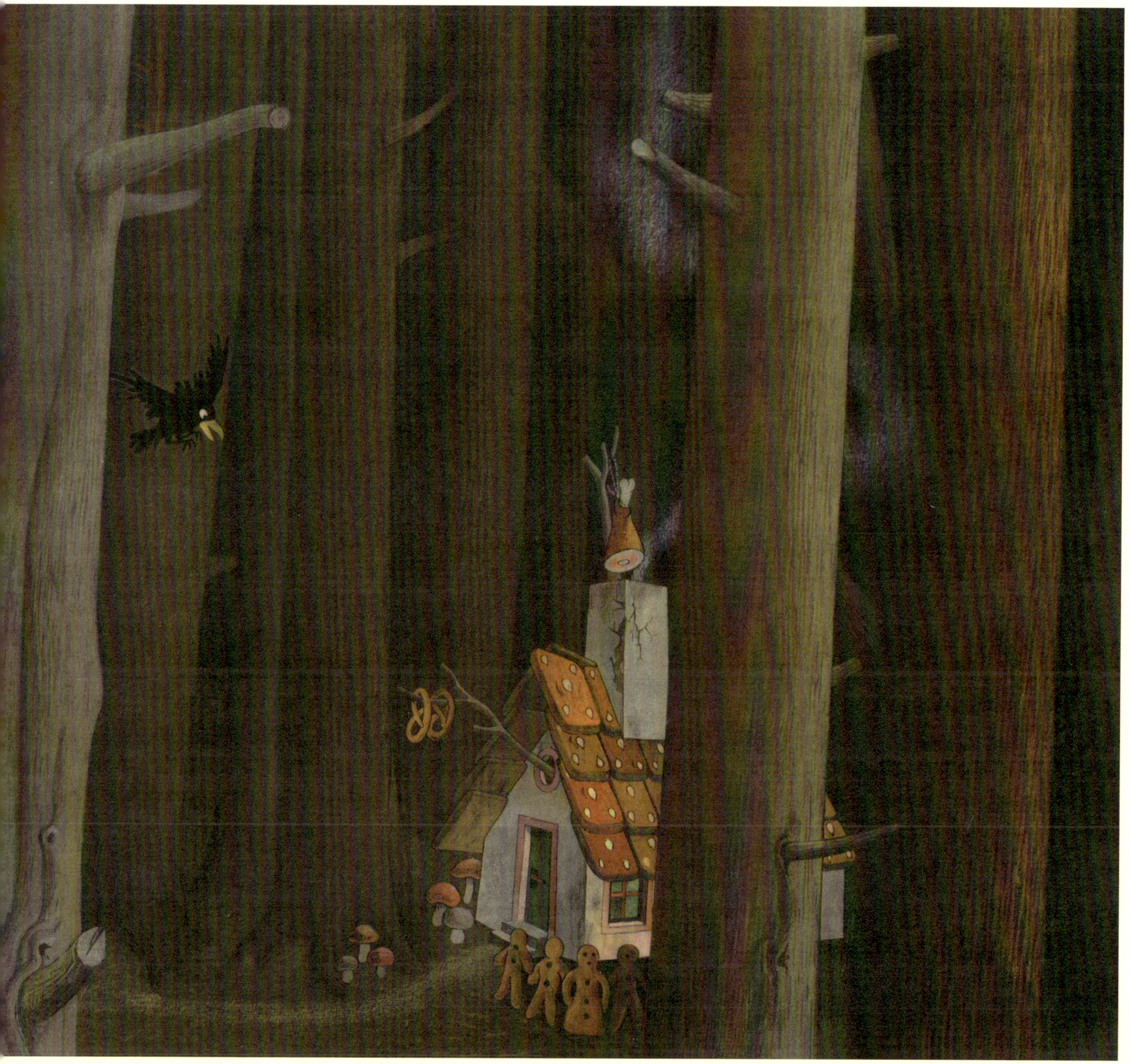

Als der Mond kam, machten sie sich auf, aber sie fanden kein Bröcklein mehr, denn die vieltausend Vögel, die im Wald und im Feld umherfliegen, die hatten sie weggepickt. Hänsel sagte zu Gretel: »Wir werden den Weg schon finden.« Aber sie fanden ihn nicht. Sie gingen die ganze Nacht und noch einen ganzen Tag, aber sie kamen aus dem Wald nicht heraus. Und sie waren sehr hungrig, denn sie hatten nichts als die paar Beeren, die im Wald wuchsen. Und weil die Kinder so müde waren, dass die Beine sie nicht mehr tragen wollten, legten sie sich unter einen Baum und schliefen ein.

Nun war es schon der dritte Morgen, seit sie das Haus ihres Vaters verlassen hatten. Sie fingen wieder an zu gehen, aber sie gerieten immer tiefer in den Wald, und wenn nicht bald Hilfe kam, so mussten sie verhungern. Als es Mittag war, sahen sie ein schönes, schneeweißes Vöglein auf einem Ast sitzen, das sang so schön, dass sie stehen blieben und ihm zuhörten. Und als es fertig war, schwang das Vöglein seine Flügel und flog vor ihnen her. Und sie gingen ihm nach, bis sie zu einem Häuschen gelangten, auf dessen Dach es sich setzte, und als sie ganz nahe herankamen, sahen sie, dass das Häuschen aus Brot gebaut war und mit Kuchen gedeckt; aber die Fenster waren aus hellem Zucker. »Da wollen wir uns dranmachen«, sprach Hänsel, »und eine gesegnete Mahlzeit halten. Ich will ein Stück vom Dach essen, Gretel, du kannst vom Fenster essen, das schmeckt süß.« Hänsel reichte in die Höhe und brach sich ein wenig vom Dach ab, um zu versuchen, wie es schmeckte, und Gretel stellte sich an die Scheiben und knusperte daran. Da rief eine feine Stimme aus der Stube heraus:

»Knusper, knusper, kneischen,
wer knuspert an meinem Häuschen?«

Die Kinder antworteten:

»Der Wind, der Wind,
das himmlische Kind«,

und aßen weiter, ohne sich beunruhigen zu lassen. Hänsel, dem das Dach sehr gut schmeckte, riss sich ein großes Stück davon herunter, und Gretel stieß eine ganze runde Fensterscheibe heraus, setzte sich nieder und aß sie genüsslich auf. Da ging auf einmal die Türe auf, und eine steinalte Frau, die sich auf eine Krücke stützte, kam herausgeschlichen. Hänsel und Gretel erschraken so gewaltig, dass sie fallen ließen, was sie in den Händen hielten. Die Alte aber wackelte mit dem Kopf und sprach: »Ei, ihr lieben Kinder, wer hat euch hierhergebracht? Kommt nur herein und bleibt bei mir, es geschieht euch kein Leid.« Sie fasste beide an der Hand und führte sie in ihr Häuschen. Da wurde gutes Essen aufgetragen, Milch und Pfannkuchen mit Zucker, Äpfel und Nüsse. Danach wurden zwei schöne Bettlein weiß gedeckt, und Hänsel und

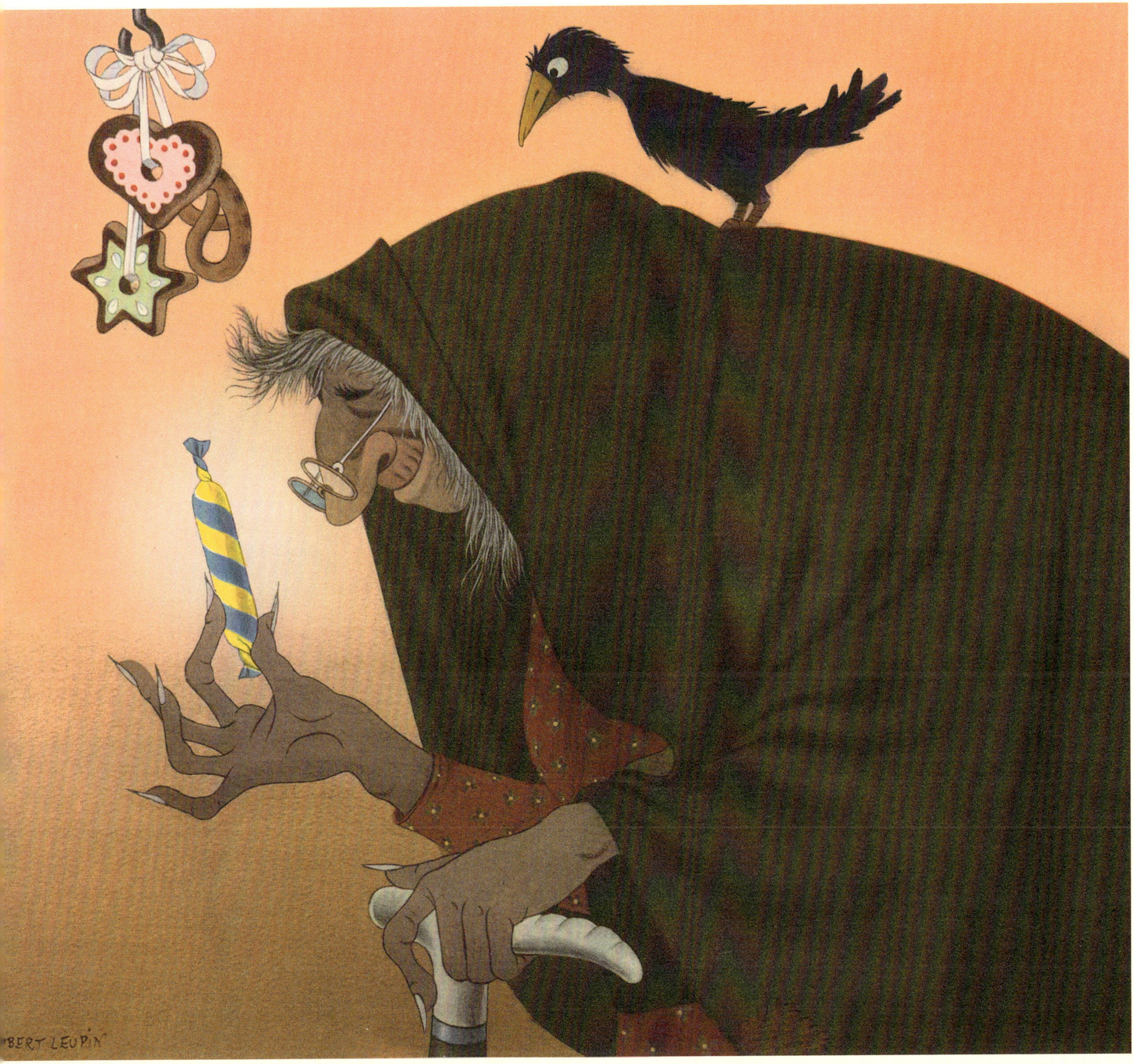
BERT LEUPIN

Gretel legten sich hinein und meinten, sie wären im Himmel.

Die Alte tat nur so freundlich, sie war aber eine böse Hexe, die den Kindern auflauerte, und hatte das Brothäuslein bloß gebaut, um sie herbeizulocken. Wenn ein Kind in ihre Gewalt kam, so tötete sie es, kochte es und aß es, und das war ein Festtag für sie. Die Hexen haben rote Augen und können nicht weit sehen, aber sie haben eine feine Witterung wie die Tiere und merken es, wenn Menschen herankommen. Als Hänsel und Gretel in ihre Nähe kamen, da lachte sie boshaft und sprach höhnisch: »Die habe ich! Die sollen mir nicht wieder entwischen!« Frühmorgens, ehe die Kinder erwacht waren, stand die Hexe schon auf, und als sie beide so lieblich ruhen sah mit den vollen roten Backen, murmelte sie vor sich hin: »Das wird ein guter Bissen werden.« Da packte sie Hänsel mit ihrer dürren Hand und trug ihn in einen kleinen Stall und sperrte ihn hinter einer Gittertüre ein. Er mochte schreien, wie er wollte, es half ihm nichts. Dann ging die Hexe zu Gretel, rüttelte sie wach und rief: »Steh auf, Faulenzerin, hol Wasser und koch deinem Bruder etwas Gutes. Er sitzt draußen im Stall und soll fett werden. Wenn er fett ist, so will ich ihn essen.« Gretel fing bitterlich zu weinen an, aber es war alles vergeblich, sie musste tun, was die böse Hexe verlangte.

Nun wurde dem armen Hänsel das beste Essen gekocht, aber Gretel bekam nichts als Krebsschalen. Jeden Morgen schlich die Alte zu dem Ställchen und rief: »Hänsel, streck deine Finger heraus, damit ich fühle, ob du bald fett bist.« Hänsel streckte ihr aber ein Knöchlein hinaus, und die Alte, die trübe Augen hatte, konnte es nicht sehen und meinte, es wären Hänsels Finger, und wunderte sich, dass er gar nicht fett werden wollte. Als vier Wochen um waren und Hänsel immer mager blieb, da wurde die Alte ungeduldig und wollte nicht länger warten. »Heda, Gretel«, rief sie dem Mädchen zu, »sei flink und hol Wasser! Hänsel mag fett oder mager sein, morgen will ich ihn schlachten und kochen.« Ach, wie jammerte das arme Schwesterchen, als es das Wasser holen musste, und wie flossen ihm die Tränen über die Backen runter! »Lieber Gott, hilf uns doch!«, rief sie aus. »Hätten uns doch nur die wilden Tiere im Wald gefressen, so wären wir wenigstens zusammen gestorben!« – »Spar dir dein Geplärre«, sagte die Alte, »es hilft dir alles nichts.«

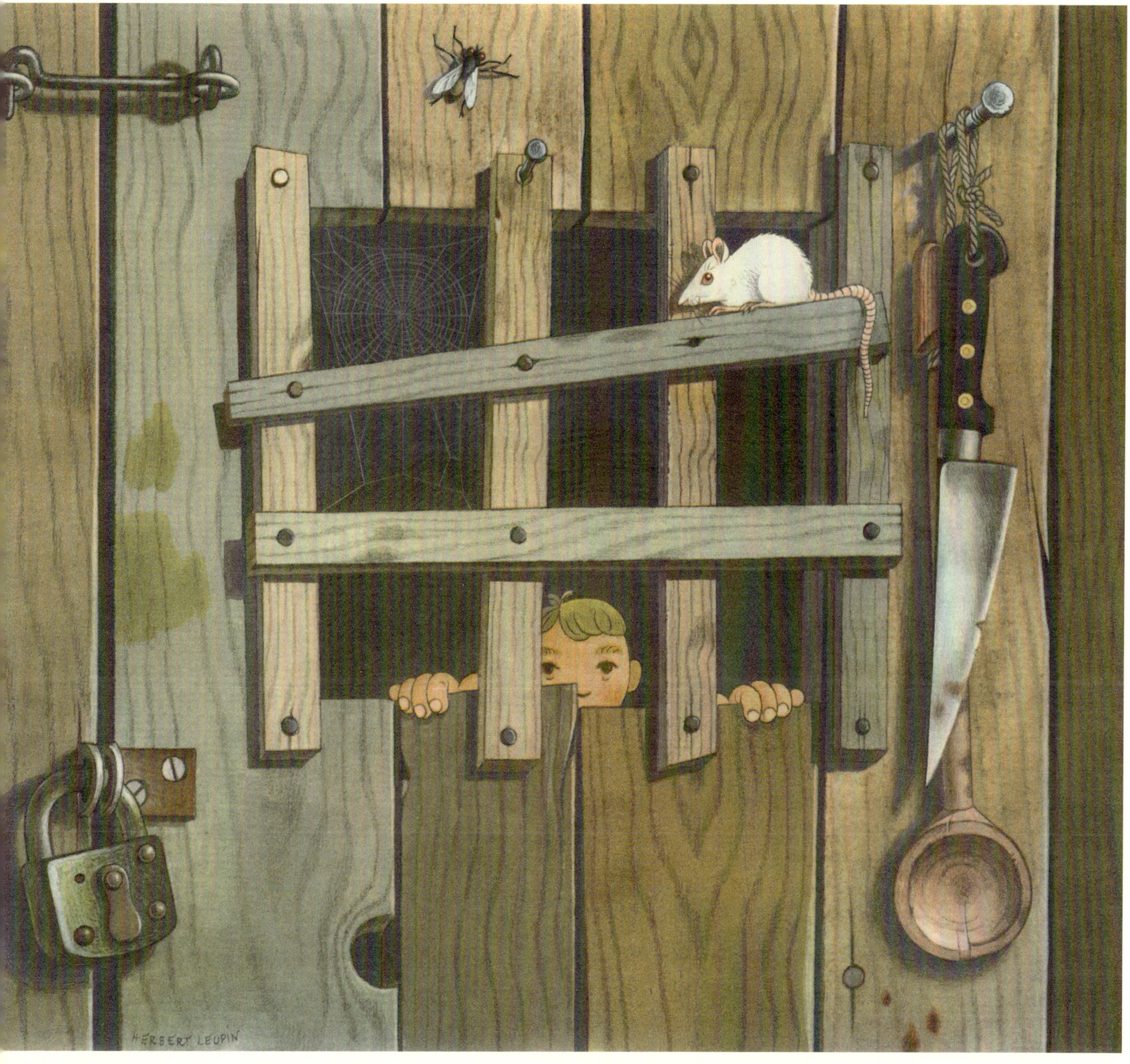
HERBERT LEUPIN

Frühmorgens musste Gretel hinaus, den Kessel mit Wasser aufhängen und Feuer anzünden. »Erst wollen wir backen«, sagte die Alte. »Ich habe den Backofen schon eingeheizt und den Teig geknetet.« Sie stieß die arme Gretel hinaus zu dem Backofen, aus dem die Feuerflammen schon herausschlugen. »Kriech hinein«, sagte die Hexe, »und sieh nach, ob es recht brennt, damit wir das Brot hineinschieben können.« Und wenn Gretel darin war, wollte sie den Ofen zumachen und Gretel sollte darin braten, und dann wollte sie sie auch aufessen. Aber Gretel merkte, was sie im Sinn hatte, und sprach: »Ich weiß nicht, wie ich es machen soll. Wie komm ich da hinein?« – »Dumme Gans«, sagte die Alte, »die Öffnung ist groß genug, siehst du wohl, ich könnte sogar selbst hinein.« Sie krabbelte heran und steckte den Kopf in den Backofen. Da gab ihr Gretel einen Stoß, sodass sie weit hineinfuhr, machte die eiserne Türe zu und schob den Riegel vor. Hu! Da fing die Alte an zu heulen, ganz grauslich; aber Gretel lief davon, und die gottlose Hexe musste elendiglich verbrennen. Gretel aber lief schnurstracks zu Hänsel, öffnete sein Ställchen und rief: »Hänsel, wir sind erlöst, die alte Hexe ist tot.« Da sprang Hänsel heraus wie ein Vogel aus dem Käfig. Wie haben sich die Kinder gefreut, sind sich um den Hals gefallen, sind herumgesprungen und haben sich geküsst! Und weil sie sich nicht mehr zu fürchten brauchten, gingen sie in das Haus der Hexe hinein. Da standen in allen Ecken Kästen mit Perlen und Edelsteinen.

»Die sind noch besser als Kieselsteine«, sagte Hänsel und steckte in seine Taschen, was hineinpasste. Und Gretel sagte: »Ich will auch etwas mit nach Hause bringen«, und füllte seine Schürzentaschen. »Aber jetzt wollen wir fort«, sagte Hänsel, »damit wir aus dem Hexenwald hinauskommen.« Als sie aber ein paar Stunden gegangen waren, gelangten sie an ein großes Wasser. »Wir können nicht hinüber«, sprach Hänsel, »ich sehe keinen Steg und keine Brücke.« – »Hier fährt auch kein Schiffchen«, antwortete Gretel, »aber da schwimmt eine weiße Ente, wenn ich die bitte, so hilft sie uns hinüber.«

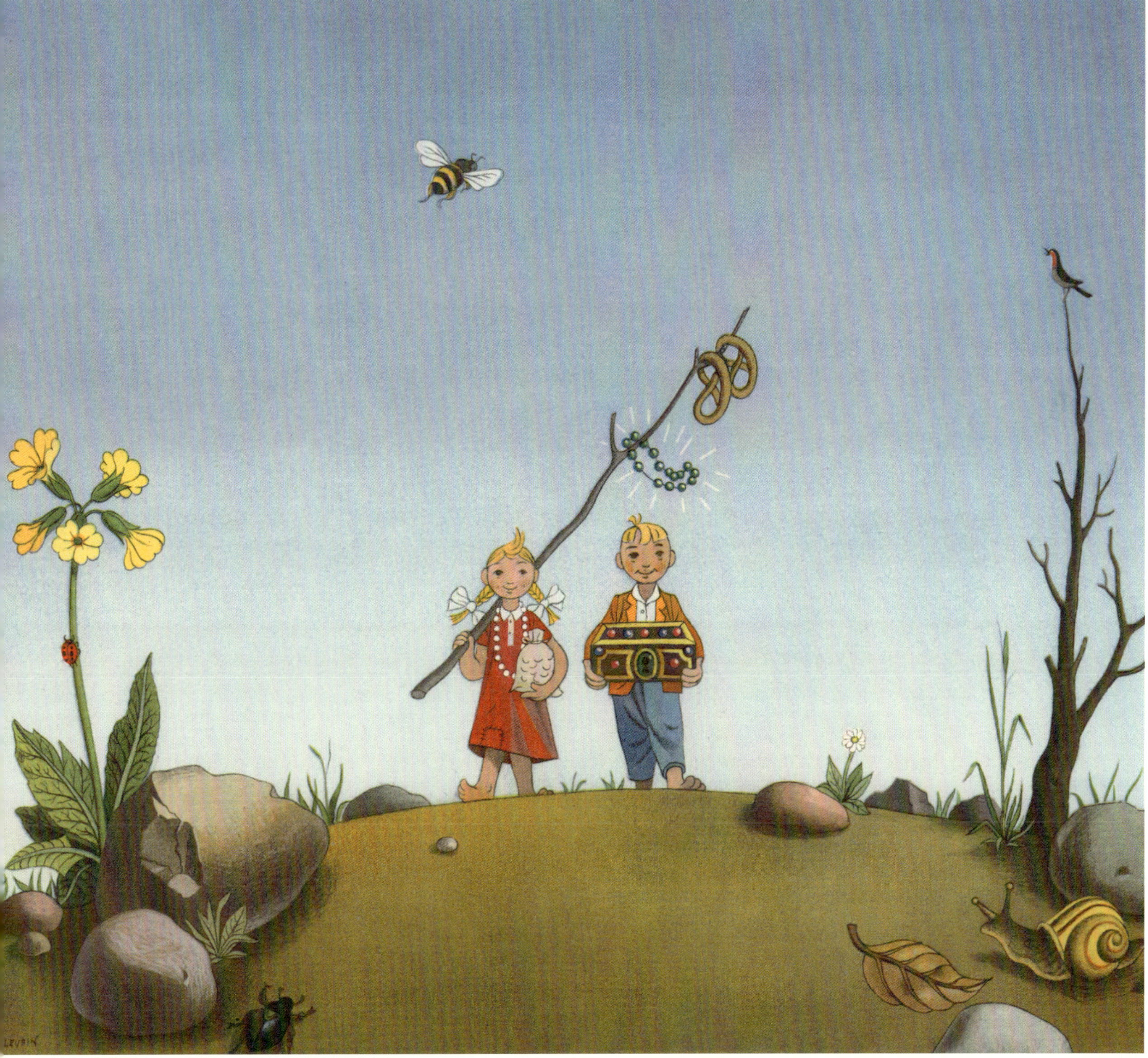

Da rief sie:

»Entchen, Entchen,
da stehen Gretel und Hänsel.
Kein Steg und keine Brücke,
nimm uns auf deinen weißen Rücken.«

Das Entchen schwamm heran, und Hänsel setzte sich auf seinen Rücken und bat sein Schwesterchen, sich zu ihm zu setzen. »Nein«, antwortete Gretel, »es wird dem Entchen zu schwer, es soll uns nacheinander hinüberbringen.« Das tat das gute Tierchen, und als sie glücklich drüben waren und ein Weilchen weitergingen, da kam ihnen der Wald immer bekannter und immer bekannter vor, und endlich erblickten sie von Weitem das Haus ihres Vaters. Da fingen sie an zu laufen, stürzten in die Stube hinein und fielen ihrem Vater um den Hals. Der Mann hatte keine frohe Stunde gehabt, seitdem er die Kinder im Wald gelassen hatte, die Frau aber war gestorben. Gretel schüttelte sein Schürzchen aus, dass die Perlen und Edelsteine in der Stube herumsprangen, und Hänsel warf eine Handvoll nach der andern aus seiner Tasche dazu. Da hatten alle Sorgen ein Ende, und sie lebten in lauter Freude zusammen.

Mein Märchen ist aus, dort läuft eine Maus, wer sie fängt, darf sich eine große, große Pelzkappe daraus machen.

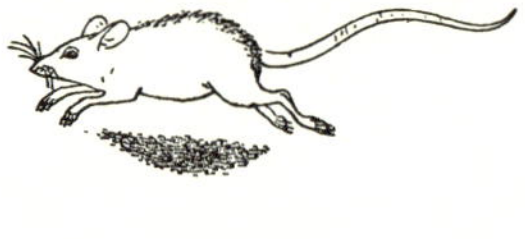

SCHNEEWITTCHEN

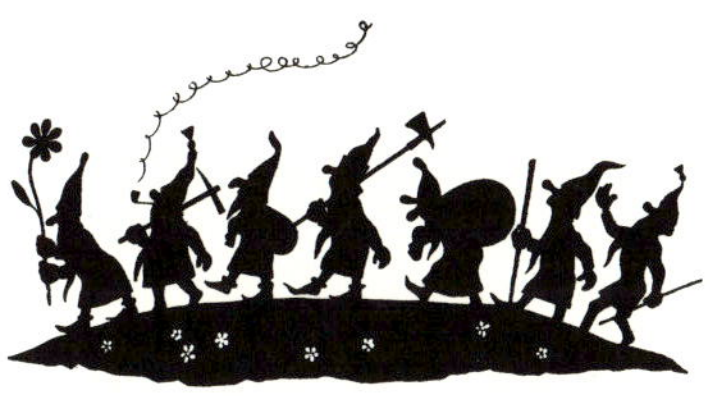

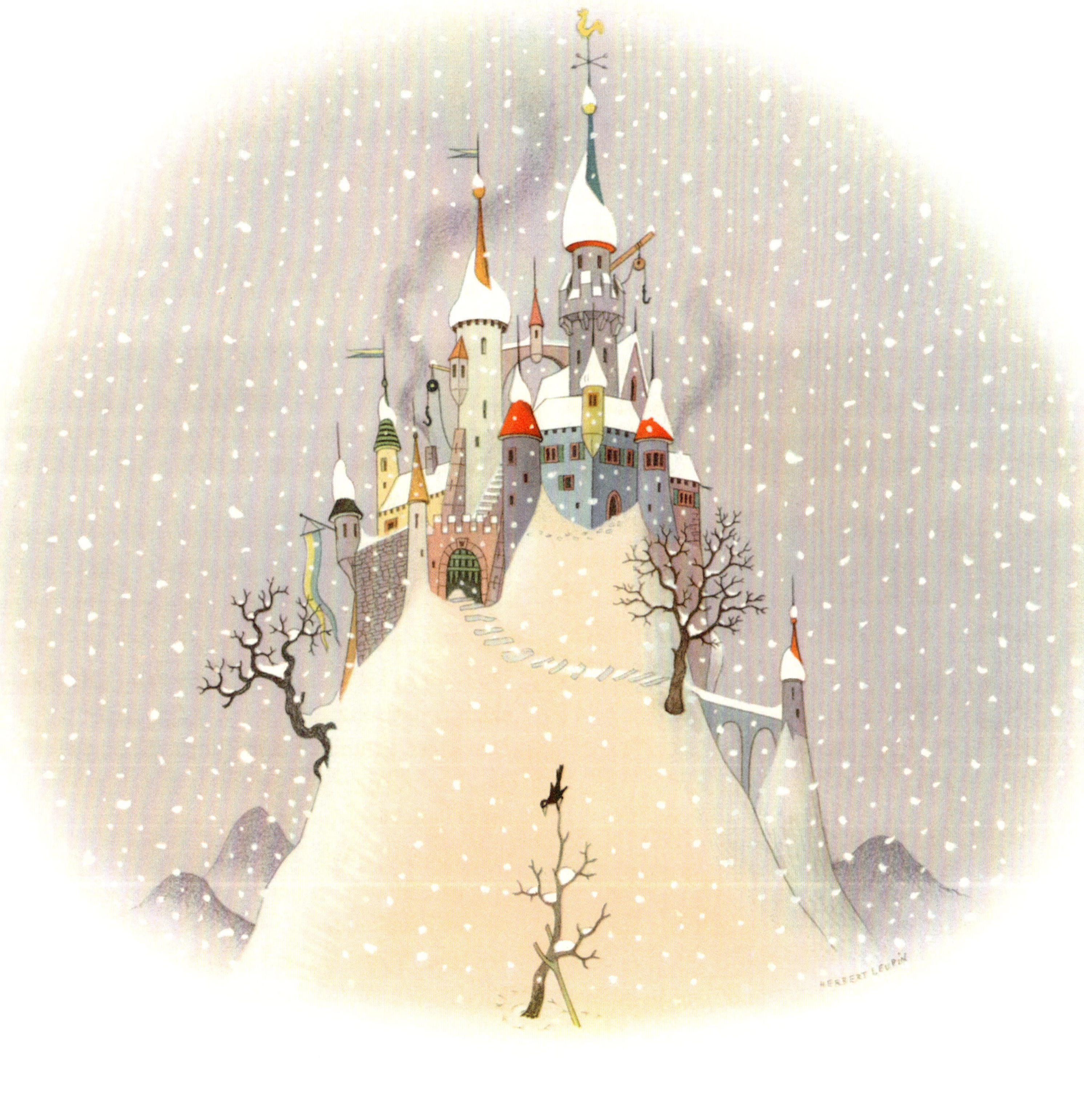
HERBERT LEUPIN

Es war einmal mitten im Winter, und die Schneeflocken fielen wie Federn vom Himmel herab. Da saß eine Königin an einem Fenster, das einen Rahmen aus schwarzem Ebenholz hatte, und nähte. Und wie sie so nähte und zu dem Schnee aufblickte, stach sie sich mit der Nadel in den Finger, und es fielen drei Tropfen Blut in den Schnee. Und weil das Rote im weißen Schnee so schön aussah, dachte sie bei sich: »Hätte ich doch ein Kind so weiß wie Schnee, so rot wie Blut und so schwarz wie das Holz an dem Rahmen.« Bald darauf bekam sie ein Töchterlein, das war so weiß wie Schnee, so rot wie Blut und so schwarzhaarig wie Ebenholz und wurde darum das Schneewittchen genannt. Und als das Kind geboren war, starb die Königin.

Nach einem Jahr nahm sich der König eine andere Gemahlin. Es war eine schöne Frau, aber sie war stolz und hochmütig und konnte nicht leiden, dass sie an Schönheit von jemandem übertroffen werden sollte. Sie hatte einen wunderbaren Spiegel; wenn sie vor den trat und sich darin beschaute, sprach sie:

»Spieglein, Spieglein an der Wand,
wer ist die Schönste im ganzen Land?«

So antwortete der Spiegel:

»Frau Königin, Ihr seid die Schönste
im Land.«

Da war sie zufrieden, denn sie wusste, dass der Spiegel die Wahrheit sagte.

Schneewittchen aber wuchs heran und wurde immer schöner, und als es sieben Jahre alt war, war es so schön wie der klare Tag und schöner als die Königin selbst. Als diese einmal ihren Spiegel fragte:

»Spieglein, Spieglein an der Wand,
wer ist die Schönste im ganzen Land?«,

so antwortete er:

»Frau Königin, Ihr seid die Schönste hier,
aber Schneewittchen ist tausendmal
schöner als Ihr.«

Da erschrak die Königin und wurde gelb und grün vor Neid. Von dieser Stunde an, wenn sie Schneewittchen erblickte, kehrte sich ihr das Herz im Leib herum, so sehr hasste sie das Mädchen. Und der Neid und Hochmut wuchsen wie ein Unkraut in ihrem Herzen immer höher, sodass sie Tag und Nacht keine Ruhe mehr hatte. Da rief sie einen Jäger und sprach: »Bring das Kind hinaus in den Wald, ich will es nicht mehr vor meinen Augen sehen. Du sollst es töten und mir Lunge und Leber als Beweis mitbringen.« Der Jäger gehorchte und führte es hinaus, und als er den Hirschfänger gezogen hatte und Schneewittchens unschuldiges Herz durchbohren wollte, fing es an zu weinen und sprach:

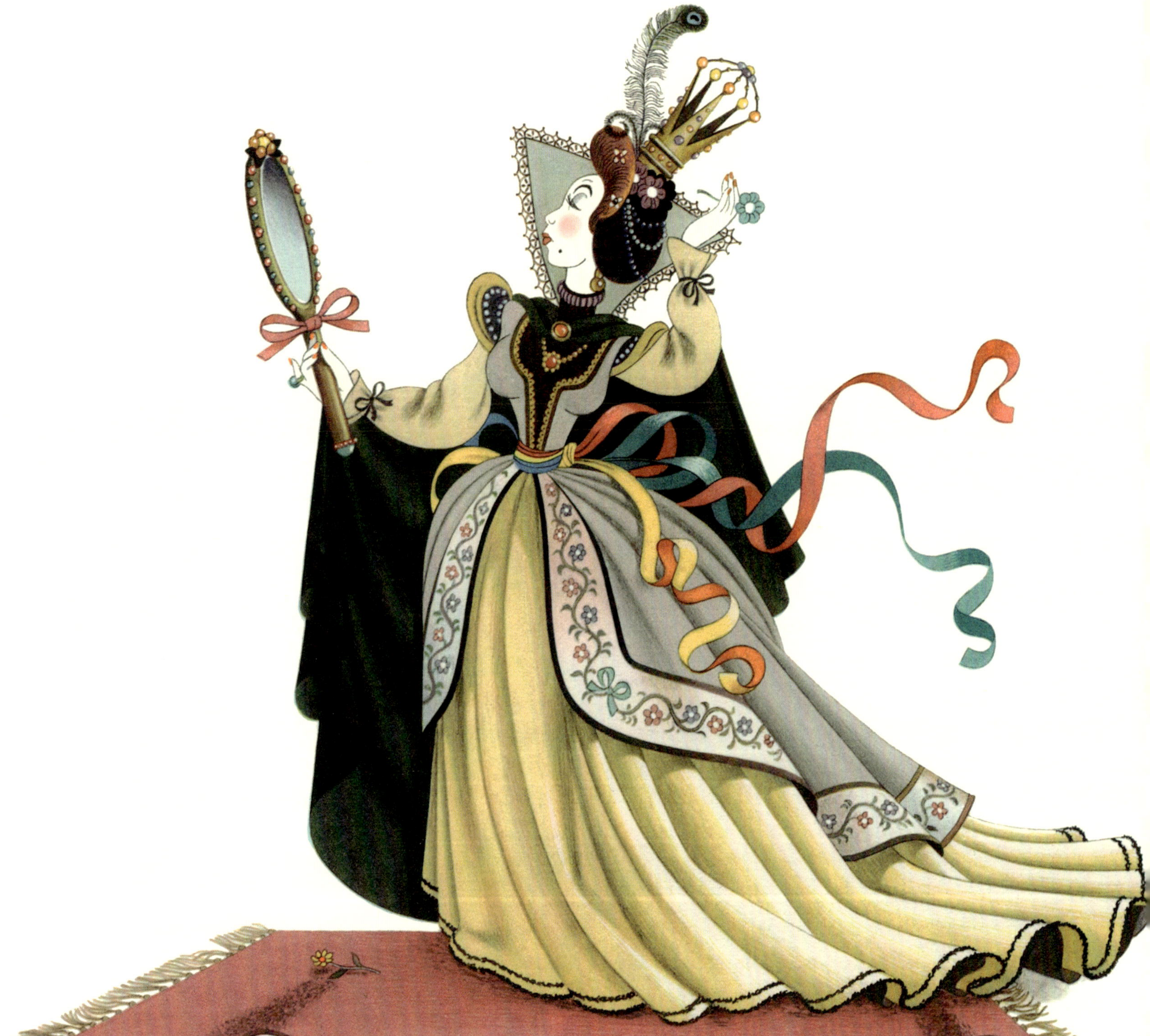

»Ach, lieber Jäger, lass mir mein Leben! Ich will in den wilden Wald laufen und nimmermehr wieder heimkommen.« Und weil es so schön war, hatte der Jäger Mitleid und sprach: »So lauf weg, du armes Kind!« Er dachte: »Die wilden Tiere werden dich bald gefressen haben«, und doch war es ihm, als wäre ein Stein von seinem Herzen gewälzt, weil er es nicht zu töten brauchte. Und als gerade ein junger Frischling dahergesprungen kam, erstach er ihn, nahm Lunge und Leber heraus und brachte sie als Beweis der Königin mit. Der Koch musste sie in Salz kochen, und das boshafte Weib aß sie auf und meinte, sie hätte Schneewittchens Lunge und Leber gegessen.

Nun war das arme Kind in dem großen Wald mutterseelenallein, und es hatte solche Angst, dass es nicht wusste, wie es sich helfen sollte. Da fing es an zu laufen und lief über die spitzen Steine und durch die Dornen, und die wilden Tiere sprangen an ihm vorbei, aber sie taten ihm nichts. Es lief, solange nur die Füße noch weiterkonnten, bis es bald Abend werden wollte. Da sah es ein kleines Häuschen und ging hinein, um sich auszuruhen. In dem Häuschen war alles klein, aber so zierlich und reinlich, wie es nicht zu sagen ist. Da stand ein weiß gedecktes Tischlein mit sieben kleinen Tellern, jedes Tellerlein mit seinem Löffelein, ferner sieben Messerlein und Gäbelein und sieben Becherlein. An der Wand waren sieben Bettlein nebeneinander aufgestellt und schneeweiße Laken darüber gedeckt.

Schneewittchen, weil es so hungrig und durstig war, aß von jedem Tellerlein ein wenig Gemüse und Brot und trank aus jedem Becherlein einen Tropfen Wein; denn es wollte nicht einem allein alles wegnehmen. Danach, weil es so müde war, legte es sich in ein Bettchen, aber keins passte; das eine war zu lang, das andere zu kurz, bis endlich das siebte recht war; und darin blieb es liegen, sprach ein Gebet und schlief ein.

Als es ganz dunkel geworden war, kamen die Herren von dem Häuslein; das waren die sieben Zwerge, die in den Bergen nach Erz hackten und gruben. Sie zündeten ihre sieben Lichtlein an, und als es nun hell im Häuslein wurde, sahen sie, dass jemand darin gewesen war, denn es stand nicht alles so in der Ordnung, wie sie es verlassen hatten.
Der erste sprach:
»Wer hat auf meinem Stühlchen gesessen?«
Der zweite:
»Wer hat von meinem Tellerchen gegessen?«
Der dritte:
»Wer hat von meinem Brötchen genommen?«
Der vierte:
»Wer hat von meinem Gemüschen gegessen?«

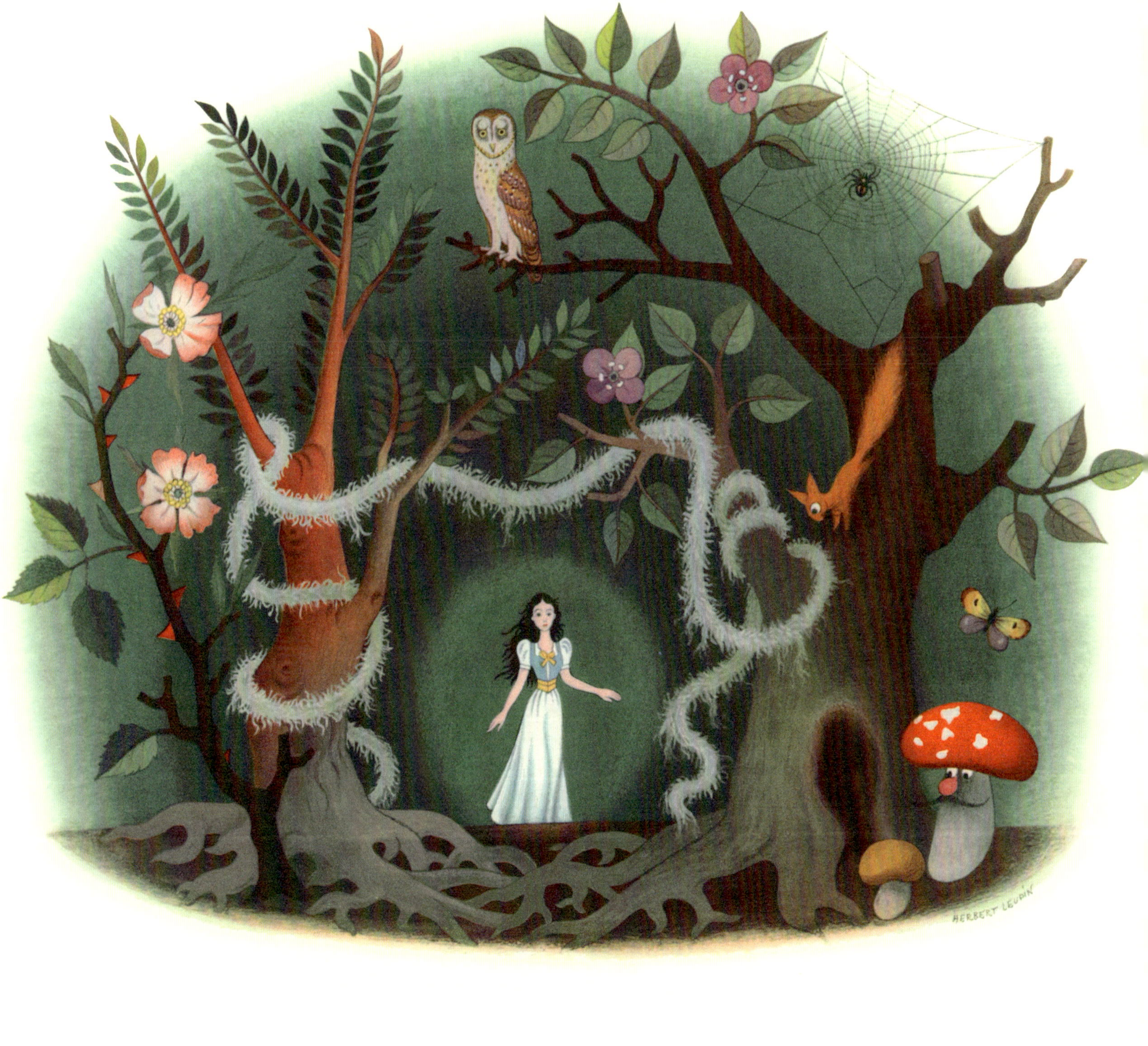
HERBERT LEUPIN

Der fünfte:
»Wer hat mit meinem Gäbelchen gestochen?«
Der sechste:
»Wer hat mit meinem Messerchen geschnitten?«
Der siebte:
»Wer hat aus meinem Becherlein getrunken?«

Dann sah sich der erste um und sah, dass auf seinem Bett eine kleine Delle war, da sprach er: »Wer hat in meinem Bettchen geschlafen?« Die anderen kamen gelaufen und riefen: »In meinem hat auch jemand gelegen!« Der siebte aber, als er in sein Bett sah, erblickte Schneewittchen, das lag darin und schlief. Nun rief er die anderen, die kamen herbeigelaufen und schrien vor Verwunderung. »Ei, du mein Gott! Ei, du mein Gott!«, riefen sie. »Was ist das Kind so schön!« Und hatten so große Freude, dass sie es im Bettlein weiterschlafen ließen. Der siebte Zwerg aber schlief bei seinen Gesellen, bei jedem eine Stunde, da war die Nacht herum.

Als es Morgen war, erwachte Schneewittchen, und wie es die sieben Zwerge sah, erschrak es. Sie waren aber freundlich und fragten: »Wie heißt du?« – »Ich heiße Schneewittchen«, antwortete es. »Wie bist du in unser Haus gekommen?«, fragten die Zwerge weiter. Da erzählte Schneewittchen ihnen, dass seine Stiefmutter es hätte umbringen lassen wollen, der Jäger hätte ihm aber das Leben geschenkt, und da wäre es den ganzen Tag gelaufen, bis es endlich ihr Häuslein gefunden hätte. Die Zwerge sprachen: »Willst du unseren Haushalt erledigen, kochen, Betten machen, waschen, nähen und stricken, und willst du alles ordentlich und reinlich halten, dann kannst du bei uns bleiben, und es soll dir an nichts fehlen.« – »Ja«, sagte Schneewittchen, »von Herzen gern!«, und blieb bei ihnen. Es hielt den Zwergen das Haus in Ordnung. Morgens gingen sie in die Berge und suchten Erz und Gold, abends kamen sie wieder, und da musste ihr Essen bereit sein. Den Tag über war das Mädchen allein; da warnten es die guten Zwerglein und sprachen: »Hüte dich vor deiner Stiefmutter, die wird bald wissen, dass du hier bist; lass ja niemanden herein!«

Die Königin aber, nachdem sie glaubte, Schneewittchens Lunge und Leber gegessen zu haben, dachte nicht anders, als dass sie wieder die Erste und Allerschönste wäre, trat vor ihren Spiegel und sprach:

»Spieglein, Spieglein an der Wand,
wer ist die Schönste im ganzen Land?«

Da antwortete der Spiegel:

»Frau Königin, Ihr seid die Schönste hier,
aber Schneewittchen über den Bergen
bei den sieben Zwergen
ist noch tausendmal schöner als Ihr.«

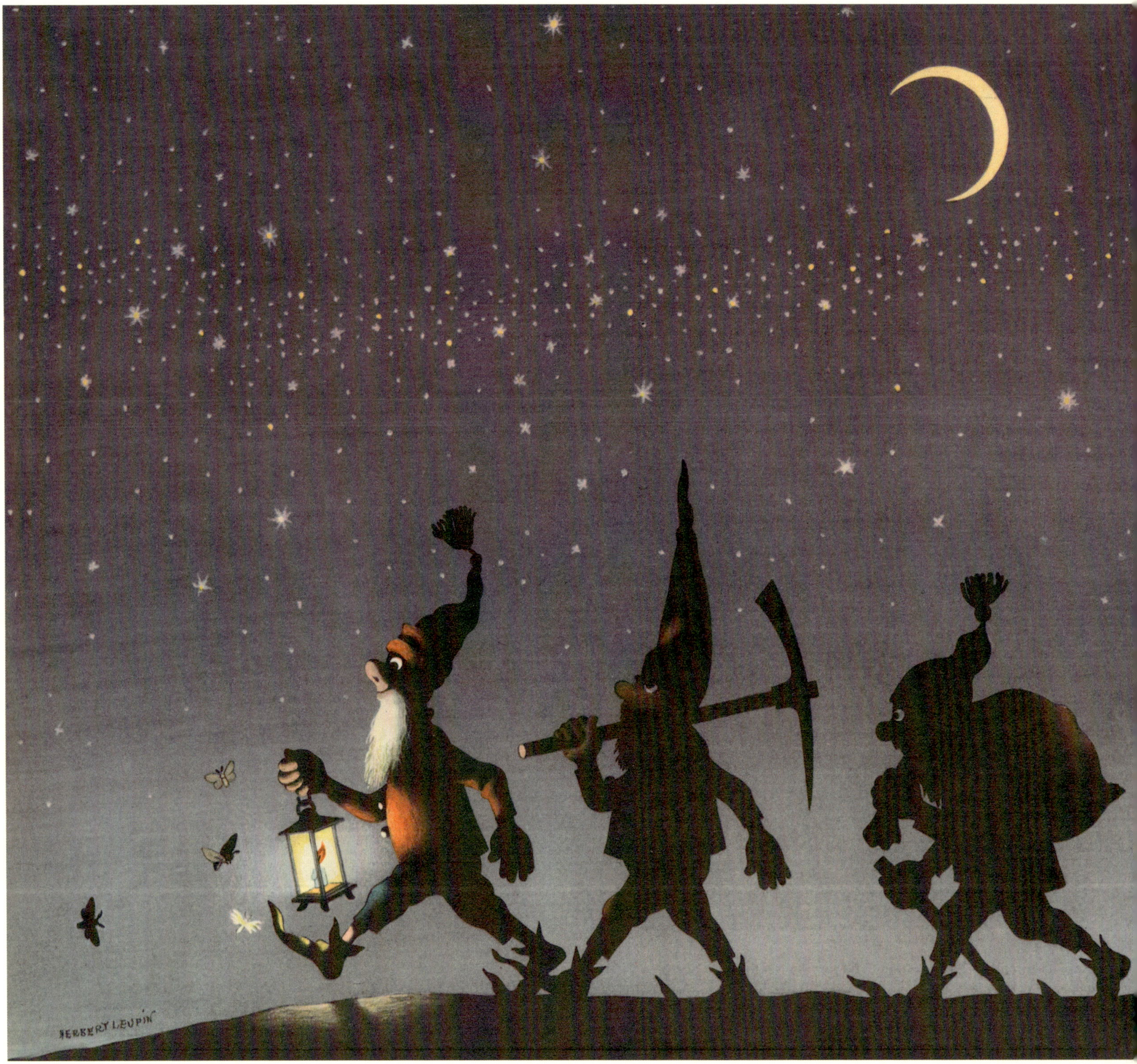
HERBERT LEUPIN

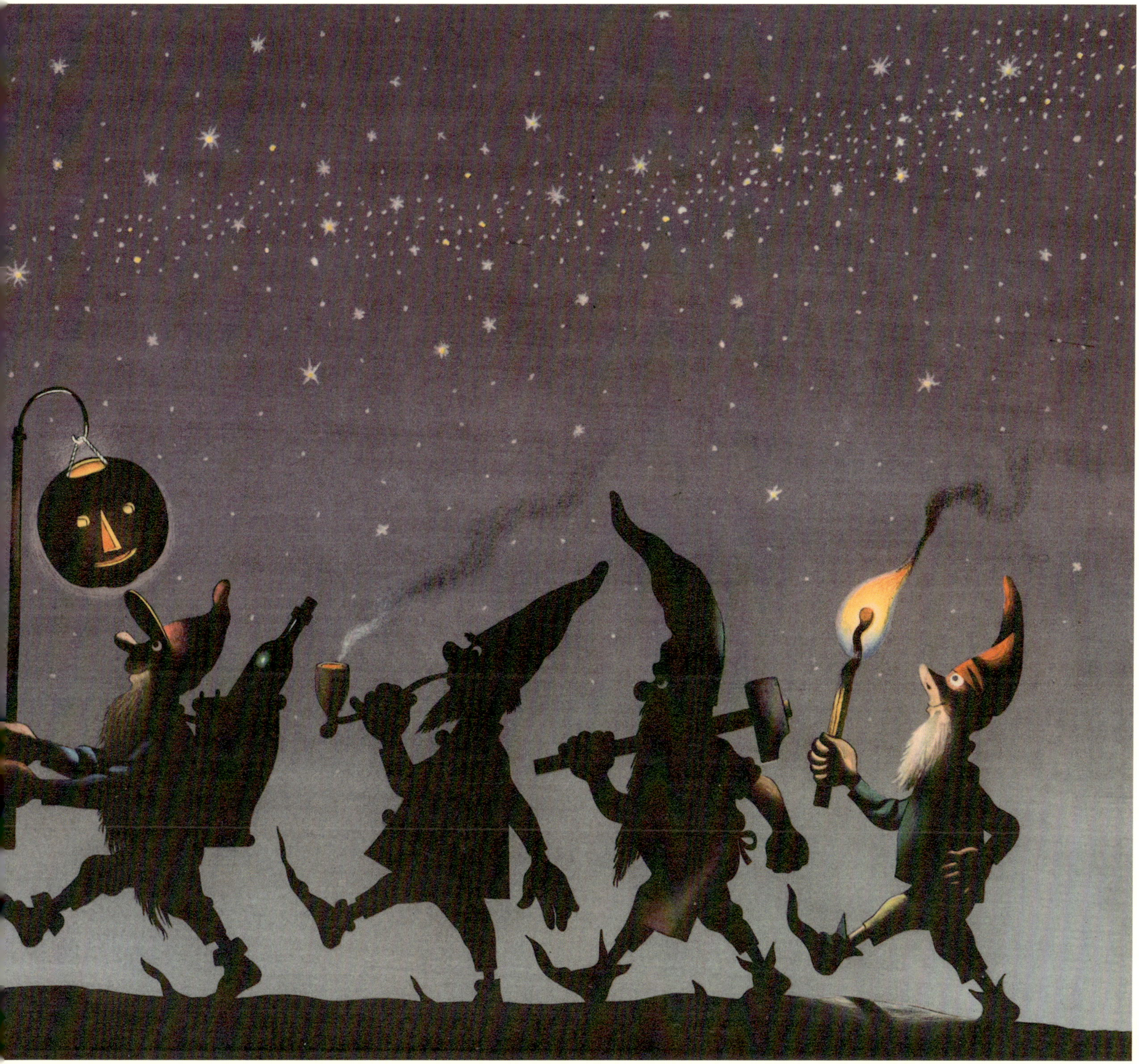

Da erschrak sie, denn sie wusste, dass der Spiegel keine Unwahrheit sprach, und merkte, dass der Jäger sie betrogen hatte und Schneewittchen noch am Leben war. Und da überlegte und überlegte sie immer wieder, wie sie es umbringen wollte; denn solange sie nicht die Schönste war im ganzen Land, ließ ihr der Neid keine Ruhe. Und als sie sich endlich etwas ausgedacht hatte, färbte sie sich das Gesicht und kleidete sich wie eine alte Krämerin und war gar nicht zu erkennen. In dieser Gestalt ging sie über die sieben Berge zu den sieben Zwergen, klopfte an die Türe und rief: »Schöne Ware zu verkaufen! Zu verkaufen!«

Schneewittchen guckte zum Fenster hinaus und rief: »Guten Tag, liebe Frau! Was habt Ihr zu verkaufen?« – »Gute Ware, schöne Ware«, antwortete sie, »Schnürriemen in allen Farben«, und holte einen hervor, der aus bunter Seide geflochten war. »Die ehrliche Frau kann ich hereinlassen«, dachte Schneewittchen, riegelte die Türe auf und kaufte sich den hübschen Schnürriemen. »Kind«, sprach die Alte, »wie du aussiehst! Komm, ich will dich einmal ordentlich schnüren.« Schneewittchen ahnte nichts Böses, stellte sich vor sie und ließ sich mit dem neuen Schnürriemen schnüren. Aber die Alte schnürte geschwind und schnürte so fest, dass Schneewittchen der Atem verging und es wie tot hinfiel. »Nun bist du die Schönste gewesen«, sprach sie und eilte hinaus.

Nicht lange darauf, zur Abendzeit, kamen die sieben Zwerge nach Hause; aber wie erschraken sie, als sie ihr liebes Schneewittchen auf der Erde liegen sahen, und es regte und bewegte sich nicht, als wäre es tot. Sie hoben es in die Höhe, und weil sie sahen, dass es zu fest geschnürt war, schnitten sie den Schnürriemen entzwei; da fing es an, ein wenig zu atmen und wurde nach und nach wieder lebendig. Als die Zwerge hörten, was geschehen war, sprachen sie: »Die alte Krämerfrau war niemand anderes als die gottlose Königin. Hüte dich und lass keinen Menschen herein, wenn wir nicht bei dir sind!«

Das böse Weib aber, als es nach Hause gekommen war, ging vor den Spiegel und fragte:

»Spieglein, Spieglein an der Wand,
wer ist die Schönste im ganzen Land?«

Da antwortete er wie sonst:

»Frau Königin, Ihr seid die Schönste hier,
aber Schneewittchen über den Bergen
bei den sieben Zwergen
ist noch tausendmal schöner als Ihr.«

Als die Königin das hörte, lief ihr alles Blut zum Herzen, so erschrak sie, denn sie sah wohl, dass Schneewittchen wieder lebendig geworden war. »Nun aber«, sprach sie, »will ich mir etwas ausdenken, das dich zugrunde richten soll.«

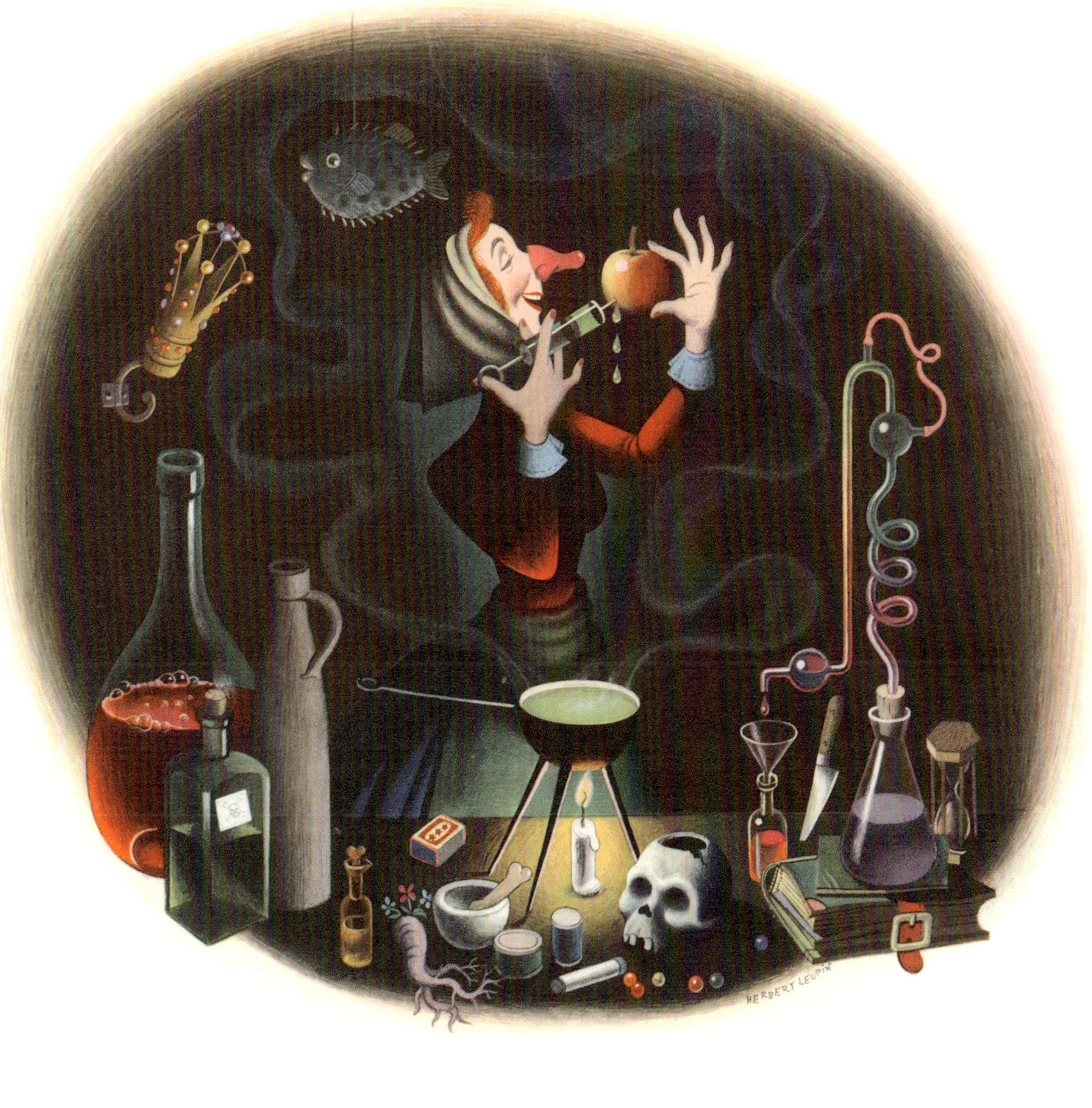
HERBERT LEUPIN

Und mit Hexenkünsten, auf die sie sich verstand, fertigte sie einen giftigen Kamm an. Dann verkleidete sie sich und nahm die Gestalt eines anderen alten Weibes an. So ging sie über die sieben Berge zu den sieben Zwergen, klopfte an die Türe und rief: »Gute Ware zu verkaufen! Zu verkaufen!«

Schneewittchen aber schaute hinaus und sprach: »Geht nur weiter, ich darf niemanden hereinlassen!« – »Das Ansehen wird dir doch erlaubt sein«, sprach die Alte, zog den giftigen Kamm heraus und hielt ihn in die Höhe. Da gefiel er dem Kind so gut, dass es sich betören ließ und die Türe öffnete. Als sie sich über den Kauf einig waren, sprach die Alte: »Nun will ich dich einmal ordentlich kämmen.« Das arme Schneewittchen ahnte nichts, ließ die Alte gewähren, aber kaum hatte sie den Kamm in die Haare gesteckt, wirkte das Gift darin und das Mädchen fiel ohne Besinnung nieder.

»Du Ausbund von Schönheit«, sprach das boshafte Weib, »jetzt ist es um dich geschehen«, und ging fort.

Zum Glück aber war es bald Abend und die sieben Zwerglein kamen nach Hause. Als sie Schneewittchen wie tot auf der Erde liegen sahen, hatten sie gleich die Stiefmutter in Verdacht, suchten und fanden den giftigen Kamm. Und kaum hatten sie ihn herausgezogen, kam Schneewittchen wieder zu sich und erzählte, was vorgegangen war. Da warnten die Zwerge es noch einmal, auf der Hut zu sein und niemandem die Türe zu öffnen.

Die Königin stellte sich daheim vor den Spiegel und sprach:

»Spieglein, Spieglein an der Wand,
wer ist die Schönste im ganzen Land?«

Da antwortete er wie vorher:

»Frau Königin, Ihr seid die Schönste hier,
aber Schneewittchen über den Bergen
bei den sieben Zwergen
ist doch noch tausendmal schöner als Ihr.«

Als die Königin den Spiegel so reden hörte, zitterte und bebte sie vor Zorn. »Schneewittchen soll sterben!«, rief sie. »Und wenn es mein Leben kostet!« Darauf ging sie in eine ganz verborgene, einsame Kammer, wo niemand hinkam, und machte da einen giftigen, giftigen Apfel. Äußerlich sah er schön aus, weiß mit roten Backen, dass jeder, der ihn erblickte, Lust darauf bekam, aber wer ein Stückchen davon aß, der musste sterben. Als der Apfel fertig war, färbte sie sich das Gesicht und verkleidete sich als eine Bauersfrau, und so ging sie über die sieben Berge zu den sieben Zwergen. Sie klopfte an. Schneewittchen streckte den Kopf zum Fenster hinaus und sprach: »Ich darf keinen Menschen einlassen, die sieben Zwerge haben es mir verboten!« – »Mir auch recht«, antwortete die

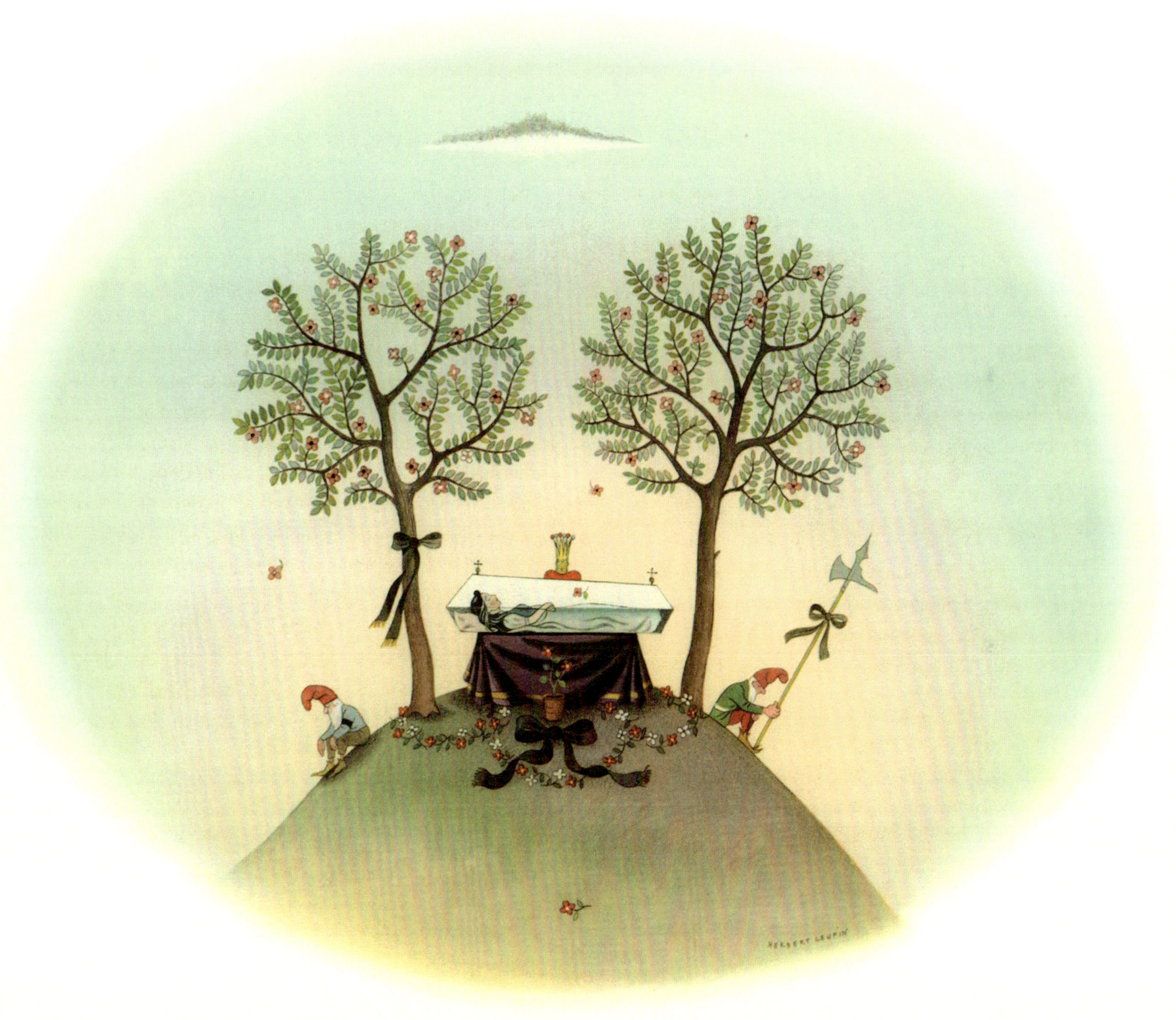
HERBERT LEUPIN

Bäuerin, »meine Äpfel werde ich schon loswerden. Da, einen will ich dir schenken.« – »Nein«, sprach Schneewittchen, »ich darf nichts annehmen!« »Fürchtest du dich vor Gift?«, sprach die Alte. »Siehst du, da schneide ich den Apfel in zwei Teile; den roten Backen iss du, den weißen will ich essen.« Der Apfel war aber so kunstvoll gemacht, dass der rote Backen allein vergiftet war. Schneewittchen gelüstete es nach dem schönen Apfel, und als es sah, dass die Bäuerin davon aß, konnte es nicht länger widerstehen, streckte die Hand hinaus und nahm die giftige Hälfte. Kaum aber hatte es einen Bissen davon im Mund, so fiel es tot zur Erde nieder. Da betrachtete es die Königin mit grausigen Blicken und lachte überlaut und sprach: »Weiß wie Schnee, rot wie Blut, schwarz wie Ebenholz! Diesmal können dich die Zwerge nicht wiedererwecken.« Und als sie daheim den Spiegel befragte:

»Spieglein, Spieglein an der Wand,
wer ist die Schönste im ganzen Land?«,

so antwortete er endlich:

»Frau Königin, Ihr seid die Schönste
im Land.«

Da hatte ihr neidisches Herz Ruhe, so gut ein neidisches Herz Ruhe haben kann.

Die Zwerglein, als sie abends nach Hause kamen, fanden Schneewittchen auf der Erde liegen, und es strömte kein Atem mehr aus seinem Mund, und es war tot. Sie hoben es auf und suchten, ob sie etwas Giftiges fänden, schnürten es auf, kämmten ihm die Haare, wuschen es mit Wasser und Wein, aber es half alles nichts. Das liebe Kind war tot und blieb tot. Sie legten es auf eine Bahre und setzten sich alle sieben daneben und beweinten es und weinten drei Tage lang. Da wollten sie Schneewittchen begraben, aber es sah noch so frisch aus wie ein lebender Mensch und hatte noch seine schönen, roten Backen. Die Zwerge sprachen: »Schneewittchen können wir nicht in die schwarze Erde versenken«, und ließen einen durchsichtigen Sarg aus Glas machen, damit man es von allen Seiten sehen konnte, legten es hinein und schrieben mit goldenen Buchstaben seinen Namen darauf und dass es eine Königstochter wäre. Dann setzten sie den Sarg hinaus auf den Berg, und einer von ihnen blieb immer dabei und bewachte ihn. Und die Tiere kamen auch und beweinten Schneewittchen, erst eine Eule, dann ein Rabe, zuletzt ein Täubchen.

Nun lag Schneewittchen lange, lange Zeit in dem Sarg und verweste nicht, sondern sah aus, als ob es schliefe, denn es war noch so weiß wie Schnee, so rot wie Blut und so schwarzhaarig wie Ebenholz.

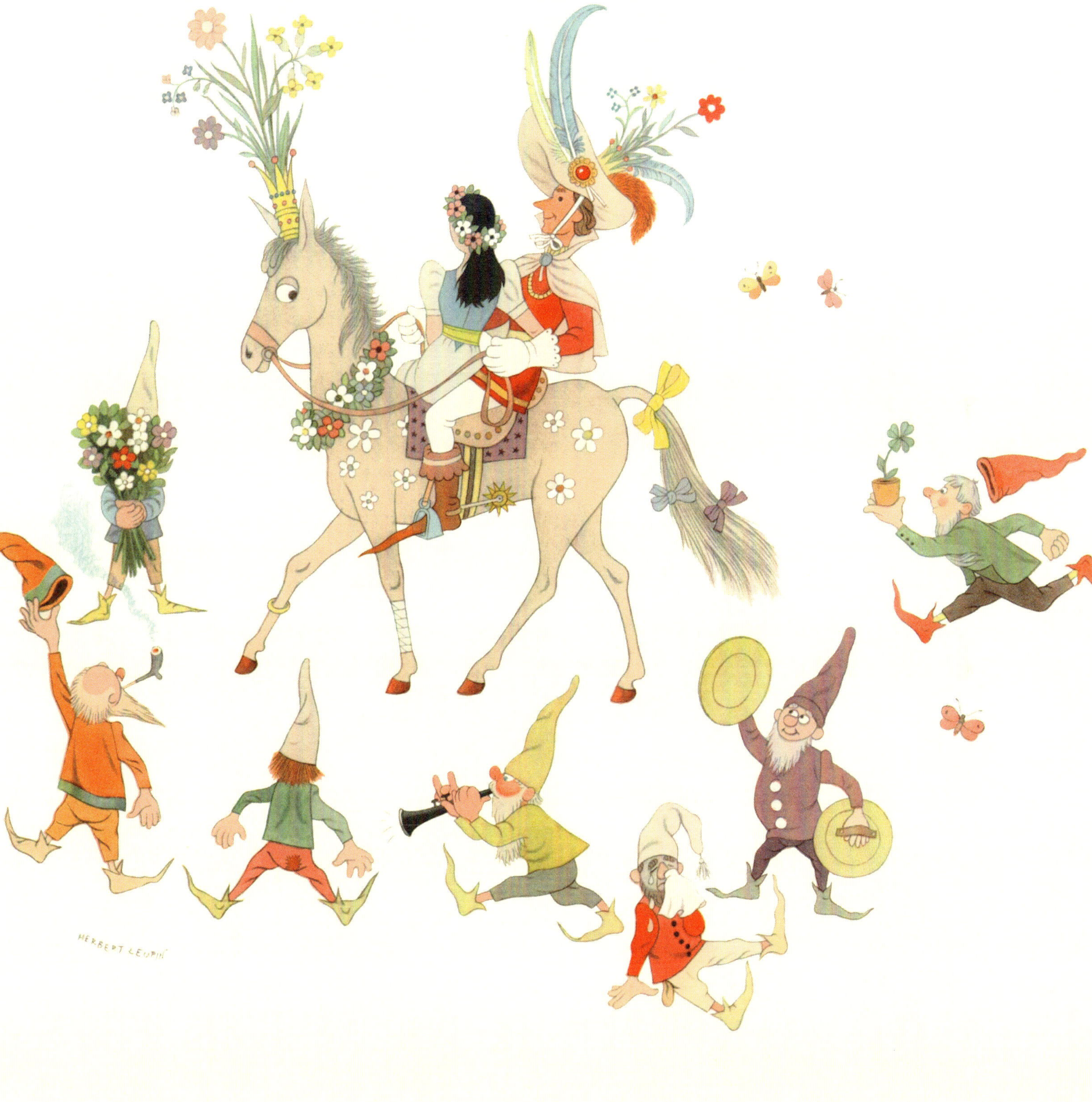
HERBERT LEUPIN

Es geschah aber, dass ein Königssohn in den Wald geriet und zu dem Zwergenhaus kam, um da zu übernachten. Er sah auf dem Berg den Sarg und das schöne Schneewittchen darin und las, was mit goldenen Buchstaben darauf geschrieben war. Da sagte er zu den Zwergen: »Lasst mir den Sarg, ich will euch geben, was ihr dafür haben wollt.« Aber die Zwerge antworteten: »Wir geben ihn nicht her, nicht um alles Gold in der Welt.« Da sagte er: »So schenkt ihn mir, denn ich kann nicht leben, ohne Schneewittchen zu sehen, ich will es ehren und hochachten wie mein Liebstes.«

Wie er so sprach, empfanden die guten Zwerglein Mitleid mit ihm und gaben ihm den Sarg. Der Königssohn ließ ihn nun von seinen Dienern auf den Schultern forttragen. Da geschah es, dass sie über einen Strauch stolperten, und von der Erschütterung fuhr der giftige Apfelschnitz, den Schneewittchen abgebissen hatte, aus dem Hals. Und es dauerte nicht lange, dann öffnete es die Augen, hob den Deckel des Sarges in die Höhe, richtete sich auf und war wieder lebendig. »Ach Gott, wo bin ich?«, rief es. Der Königssohn sagte voller Freude: »Du bist bei mir«, und erzählte, was sich zugetragen hatte, und sagte: »Ich habe dich lieber als alles auf der Welt; komm mit mir ins Schloss meines Vaters, du sollst meine Gemahlin werden.« Da war ihm Schneewittchen wohlgesonnen und ging mit ihm, und ihre Hochzeit wurde mit großer Pracht und Herrlichkeit vorbereitet.

Zu dem Fest wurde aber auch Schneewittchens gottlose Stiefmutter eingeladen. Wie sie sich nun schöne Kleider angezogen hatte, trat sie vor den Spiegel und sprach:

»Spieglein, Spieglein an der Wand,
wer ist die Schönste im ganzen Land?«

Der Spiegel antwortete:

»Frau Königin, Ihr seid die Schönste hier,
aber die junge Königin ist
noch tausendmal schöner als Ihr.«

Da stieß das böse Weib einen Fluch aus und wurde so zornig, dass sie sich nicht beherrschen konnte. Sie wollte zuerst gar nicht auf die Hochzeit kommen, doch ließ es ihr keine Ruhe, sie musste hingehen und die junge Königin sehen. Und als sie eintrat, erkannte sie Schneewittchen, und vor Angst und Schrecken stand sie da und konnte sich nicht regen. Aber es waren schon eiserne Pantoffeln über Kohlenfeuer gestellt worden und wurden mit Zangen hereingetragen und vor sie hingestellt. Da musste sie in die rot glühenden Schuhe treten und so lange tanzen, bis sie tot zur Erde fiel.

TISCHCHEN DECK DICH, GOLDESEL UND KNÜPPEL AUS DEM SACK

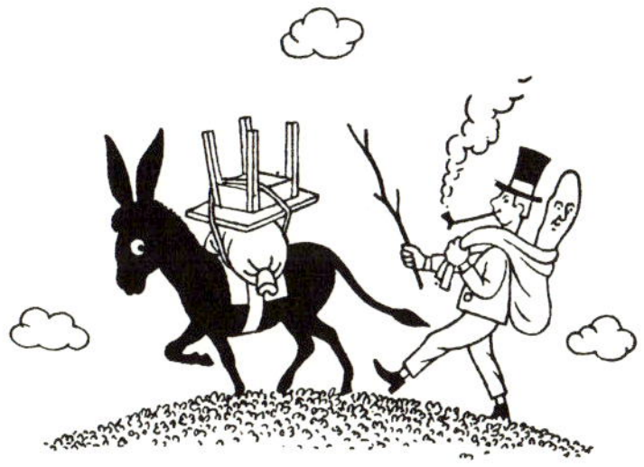

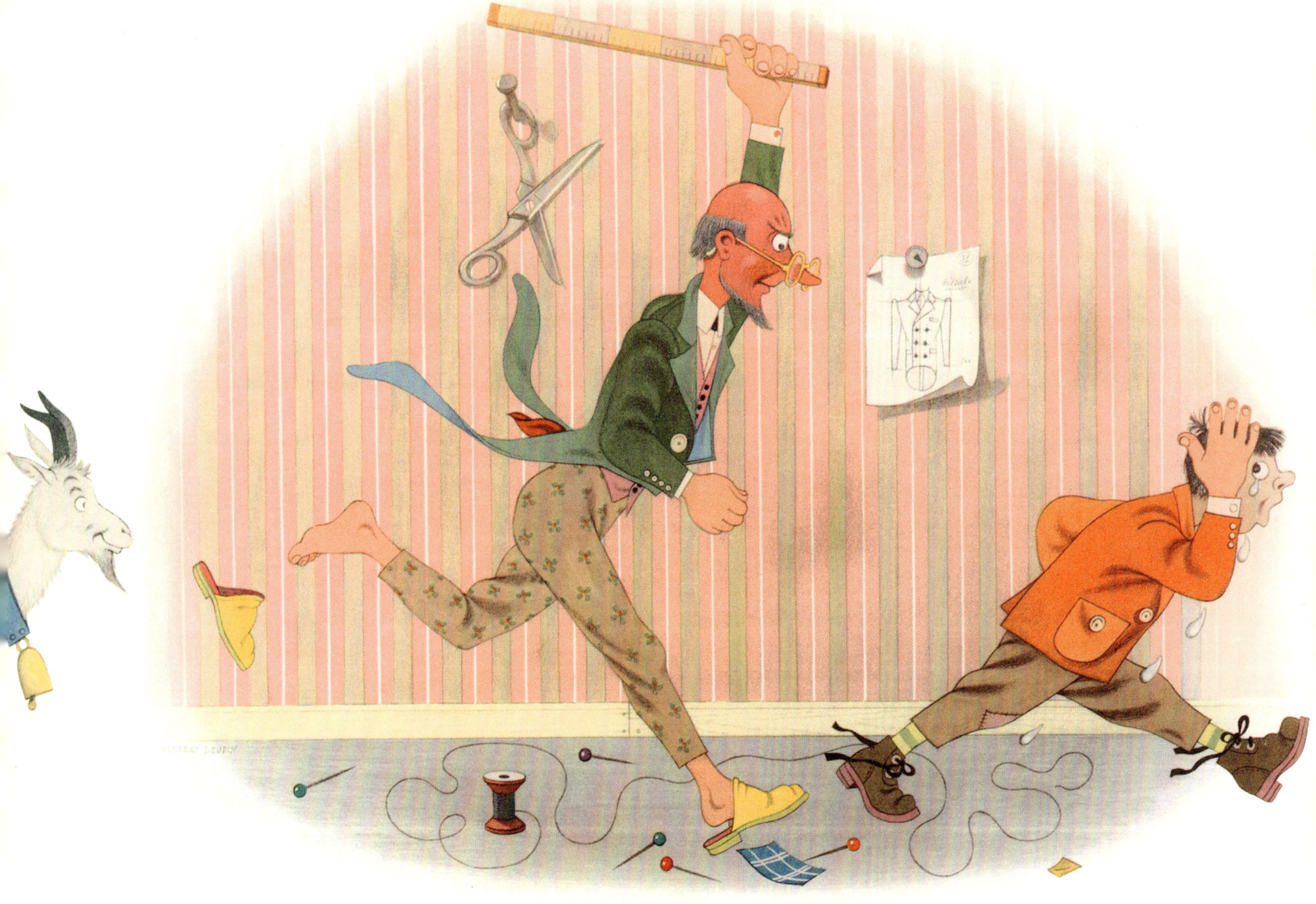

Vor langer Zeit lebte ein Schneider, der drei Söhne hatte und nur eine einzige Ziege. Aber die Ziege, weil sie alle zusammen mit ihrer Milch ernährte, musste ihr gutes Futter haben und täglich hinaus auf die Weide geführt werden. Die Söhne taten das auch der Reihe nach. Einmal brachte sie der älteste auf den Kirchhof, wo die schönsten Kräuter standen, ließ sie da fressen und herumspringen. Abends, als es Zeit war heimzugehen, fragte er: »Ziege, bist du satt?« Die Ziege antwortete:

»Ich bin so satt,
ich mag kein Blatt, mäh! mäh!«

»So komm nach Hause«, sprach der Junge, fasste sie am Strick, führte sie in den Stall und band sie fest. »Nun«, sagte der alte Schneider, »hat die Ziege genügend Futter bekommen?« – »Oh«, antwortete der Sohn, »die ist so satt, sie mag kein Blatt.« Der Vater aber wollte sich selbst überzeugen, ging hinab in den Stall streichelte das liebe Tier und fragte: »Ziege, bist du auch satt?« Die Ziege antwortete:

»Wovon sollt ich satt sein?
Ich sprang nur über Gräbelein
und fand kein einzig Blättelein, mäh! mäh!«

»Was muss ich hören!«, rief der Schneider, lief hinauf und sprach zu dem Jungen: »Ei, du Lügner, sagst die Ziege wäre satt und hast sie hungern lassen?« Und in seinem Zorn nahm er die Elle von der Wand und jagte ihn mit Schlägen hinaus. Am andern Tag war die Reihe am zweiten Sohn, der suchte an der Gartenhecke einen Platz aus, wo lauter gute Kräuter standen, und die Ziege fraß sie alle ab. Abends, als er heimwollte, fragte er: »Ziege, bist du satt?« Die Ziege antwortete:

»Ich bin so satt,
ich mag kein Blatt, mäh! mäh!«

»So komm nach Hause«, sprach der Junge, zog sie heim und band sie im Stall fest. »Nun«, sagte der alte Schneider, »hat die Ziege genügend Futter bekommen?« »Oh«, antwortete der Sohn, »die ist so satt, sie mag kein Blatt.« Der Schneider wollte sich darauf nicht verlassen, ging hinab in den Stall und fragte: »Ziege, bist du auch satt?« Die Ziege antwortete:

»Wovon sollt ich satt sein?
Ich sprang nur über Gräbelein
und fand kein einzig Blättelein, mäh! mäh!«

»Der gottlose Bösewicht!«, schrie der Schneider. »So ein frommes Tier hungern zu lassen!«, lief hinauf und schlug mit der Elle den Jungen zur Haustüre hinaus.

Die Reihe kam jetzt an den dritten Sohn, der wollte seine Sache gut machen, suchte Buschwerk mit dem schönsten Laub aus und ließ die Ziege davon fressen. Abends, als er heimwollte, fragte er: »Ziege, bist du auch satt?« Die Ziege antwortete:

»Ich bin so satt,
ich mag kein Blatt, mäh! mäh!«

»So komm nach Hause«, sagte der Junge, führte sie in den Stall und band sie fest. »Nun«, sagte der alte Schneider, »hat die Ziege genügend Futter bekommen?«

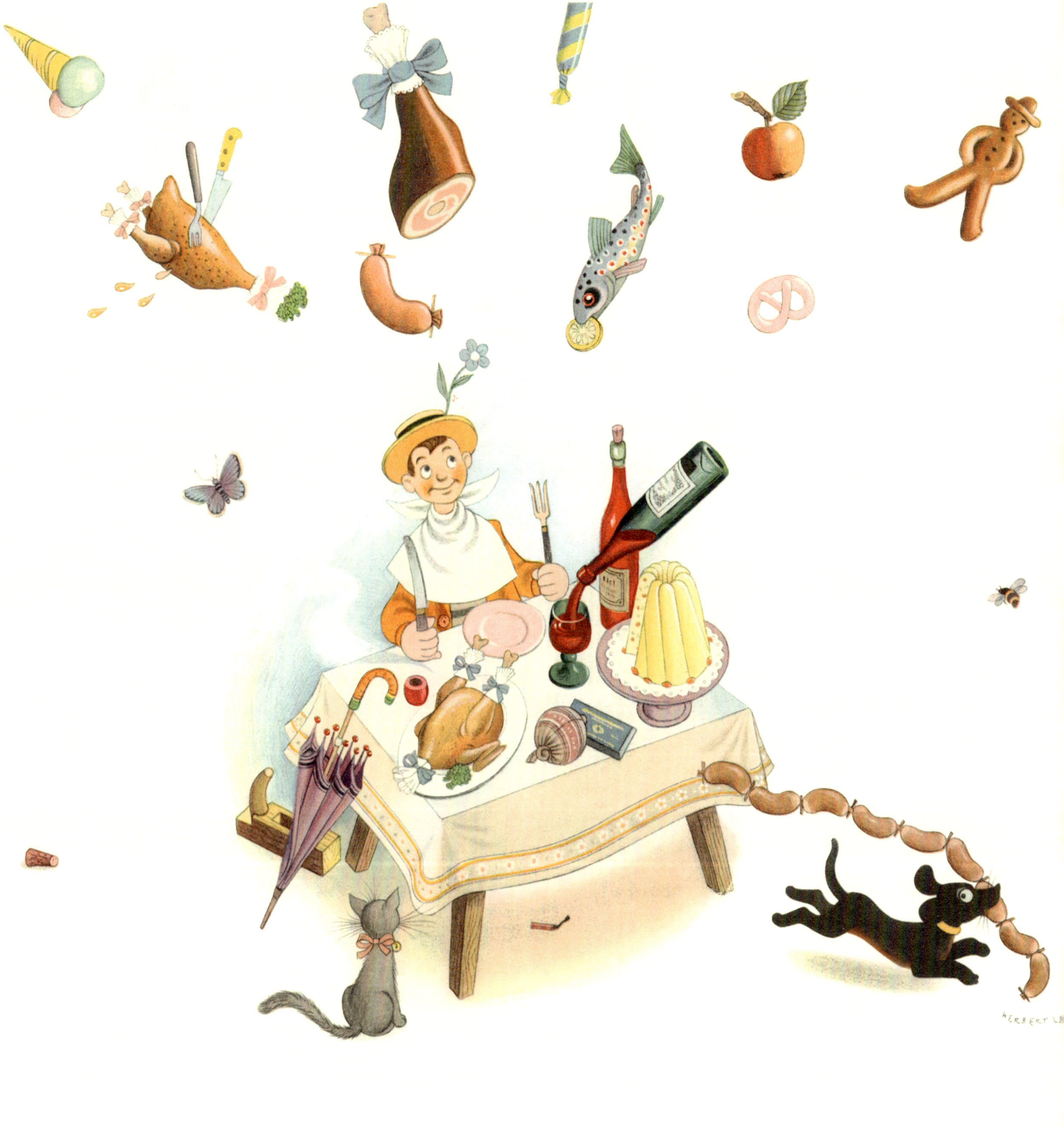

»Oh«, antwortete der Sohn, »die ist so satt, sie mag kein Blatt.« Der Schneider traute ihm nicht, ging hinab und fragte: »Ziege, bist du auch satt?« Das boshafte Tier antwortete:

»Wovon sollt ich satt sein?
Ich sprang nur über Gräbelein
und fand kein einzig Blättelein, mäh! mäh!«

»Oh, die Lügenbrut!«, rief der Schneider. »Einer so gottlos und pflichtvergessen wie der andere! Ihr sollt mich nicht länger zum Narren haben!« Und vor Zorn ganz außer sich sprang er hinauf und gerbte dem armen Jungen mit der Elle den Rücken so gewaltig, dass er zum Haus hinaussprang.

Der alte Schneider war nun mit seiner Ziege allein. Am andern Morgen ging er hinab in den Stall, liebkoste die Ziege und sprach: »Komm, mein liebes Tierlein, ich will dich selbst zur Weide führen.« Er nahm sie am Strick und brachte sie zu grünen Hecken und unter Schafrippe und was sonst die Ziegen gerne fressen. »Da kannst du dich einmal nach Herzenslust satt essen«, sprach er zu ihr und ließ sie weiden bis zum Abend. Da fragte er: »Ziege, bist du satt?« Sie antwortete:

»Ich bin so satt,
ich mag kein Blatt, mäh! mäh!«

»So komm nach Hause«, sagte der Schneider, führte sie in den Stall und band sie fest. Als er wegging, kehrte er sich noch einmal um und sagte: »Nun bist du doch einmal richtig satt!« Aber die Ziege machte es ihm nicht besser und rief:

»Wie sollt ich satt sein?
Ich sprang nur über Gräbelein
und fand kein einzig Blättelein, mäh! mäh!«

Als der Schneider das hörte, stutzte er und sah wohl, dass er seine drei Söhne ohne Ursache verstoßen hatte. »Wart«, rief er, »du undankbares Geschöpf, dich fortzujagen ist noch zu wenig, ich will dich zeichnen, dass du dich unter ehrbaren Schneidern nicht mehr darfst sehen lassen!« Hastig sprang er hinauf, holte sein Bartmesser, seifte der Ziege den Kopf ein und schor sie so glatt wie seine flache Hand. Und weil die Elle zu ehrenvoll gewesen wäre, holte er die Peitsche und versetzte ihr solche Hiebe, dass sie in gewaltigen Sprüngen davonlief.

Der Schneider, als er so ganz einsam in seinem Haus saß, verfiel in große Traurigkeit und hätte seine Söhne gerne wiedergehabt, aber niemand wusste, wo sie hingeraten waren. Der älteste war zu einem Schreiner in die Lehre gegangen, da lernte er fleißig und unverdrossen, und als seine Zeit um war, und er wandern sollte, schenkte ihm der Meister ein Tischchen, das gar kein besonderes Aussehen hatte und aus gewöhnlichem Holz war; aber es hatte eine

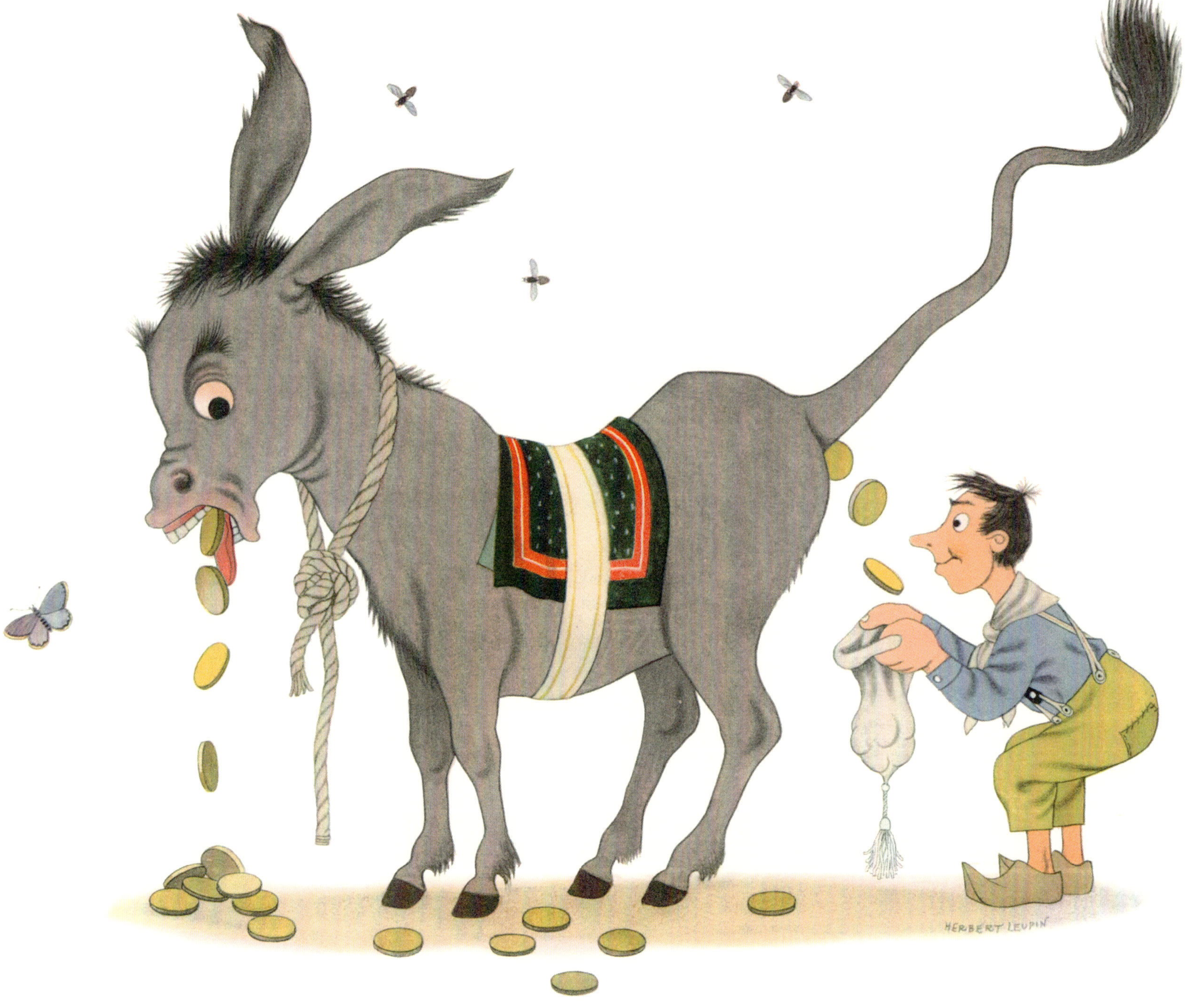
HERBERT LEUPIN

gute Eigenschaft. Wenn man es hinstellte und rief: »Tischchen, deck dich!«, so war das gute Tischchen auf einmal mit einem sauberen Tüchlein bedeckt und es standen ein Teller und Messer und Gabel daneben und Schüsseln mit Gesottenem und Gebratenem, so viel Platz hatten, und ein großes Glas mit rotem Wein leuchtete, dass einem das Herz lachte. Der junge Geselle dachte: »Damit hast du genug für dein ganzes Leben«, zog guter Dinge in der Welt umher und kümmerte sich gar nicht darum, ob ein Wirtshaus gut oder schlecht und ob etwas darin zu finden war oder nicht. Wenn es ihm gefiel, so kehrte er gar nicht ein, sondern im Feld, im Wald, auf einer Wiese, wo es ihm gerade gefiel, nahm er sein Tischchen vom Rücken, stellte es vor sich und rief: »Deck dich!«, und so war alles da, was sein Herz begehrte. Endlich kam es ihm in den Sinn, er wollte zu seinem Vater zurückkehren, sein Zorn würde sich gelegt haben, und mit dem Tischchendeckdich würde er ihn gerne wieder aufnehmen.

Es trug sich zu, dass er auf dem Heimweg abends in ein Wirtshaus kam, das voller Gäste war. Sie luden ihn ein, sich zu ihnen zu setzen und mit ihnen zu essen, sonst würde er schwerlich noch etwas bekommen. »Nein«, antwortete der Schreiner, »die paar Bissen will ich euch nicht wegessen, lieber sollt ihr meine Gäste sein.« Sie lachten und meinten, er triebe seinen Spaß mit ihnen. Er aber stellte sein hölzernes Tischchen mitten in die Stube und rief: »Tischchen, deck dich!« Augenblicklich war es mit Speisen besetzt, so gut, wie sie der Wirt nicht hätte herbeischaffen können und wovon der Geruch den Gästen lieblich in die Nase stieg. »Zugegriffen, liebe Freunde!«, sprach der Schreiner, und die Gäste ließen sich nicht zweimal bitten, rückten heran, zogen ihre Messer und griffen tapfer zu. Und was sie am meisten verwunderte, wenn eine Schüssel leer geworden war, stellte sich gleich von selbst eine volle an ihren Platz. Der Wirt stand in einer Ecke und sah zu; er wusste gar nicht, was er sagen sollte, dachte aber: »Einen solchen Koch könntest du in deiner Wirtschaft wohl brauchen.« Der Schreiner und seine Gesellschaft waren lustig bis in die späte Nacht, endlich legten sie sich schlafen, und der junge Geselle ging auch zu Bett und stellte sein Wünschtischchen an die Wand. Dem Wirt aber ließen seine Gedanken keine Ruhe, es fiel ihm ein, dass in seiner Rumpelkammer ein altes Tischchen stand, das geradeso aussah; das holte er herbei und vertauschte es mit dem Wünschtischchen.

Am andern Morgen zahlte der Schreiner sein Schlafgeld, packte sich sein Tischchen auf den Rücken, dachte gar nicht daran, dass er ein falsches haben könnte, und ging seiner Wege. Zu Mittag kam er bei seinem Vater an, der ihn mit großer Freude empfing. »Nun, mein lieber Sohn, was hast du gelernt?«, sagte er zu ihm. »Vater, ich bin ein Schreiner geworden.« – »Ein gutes Handwerk«, erwiderte der Alte, »aber was hast du von deiner Wanderschaft mitgebracht?« – »Vater, das Beste, was ich mitgebracht habe, ist das Tischchen.« Der Schneider betrachtete es von allen Seiten und sagte: »Daran hast du kein Meisterstück vollbracht, das ist ein altes und schlechtes Tischchen.«

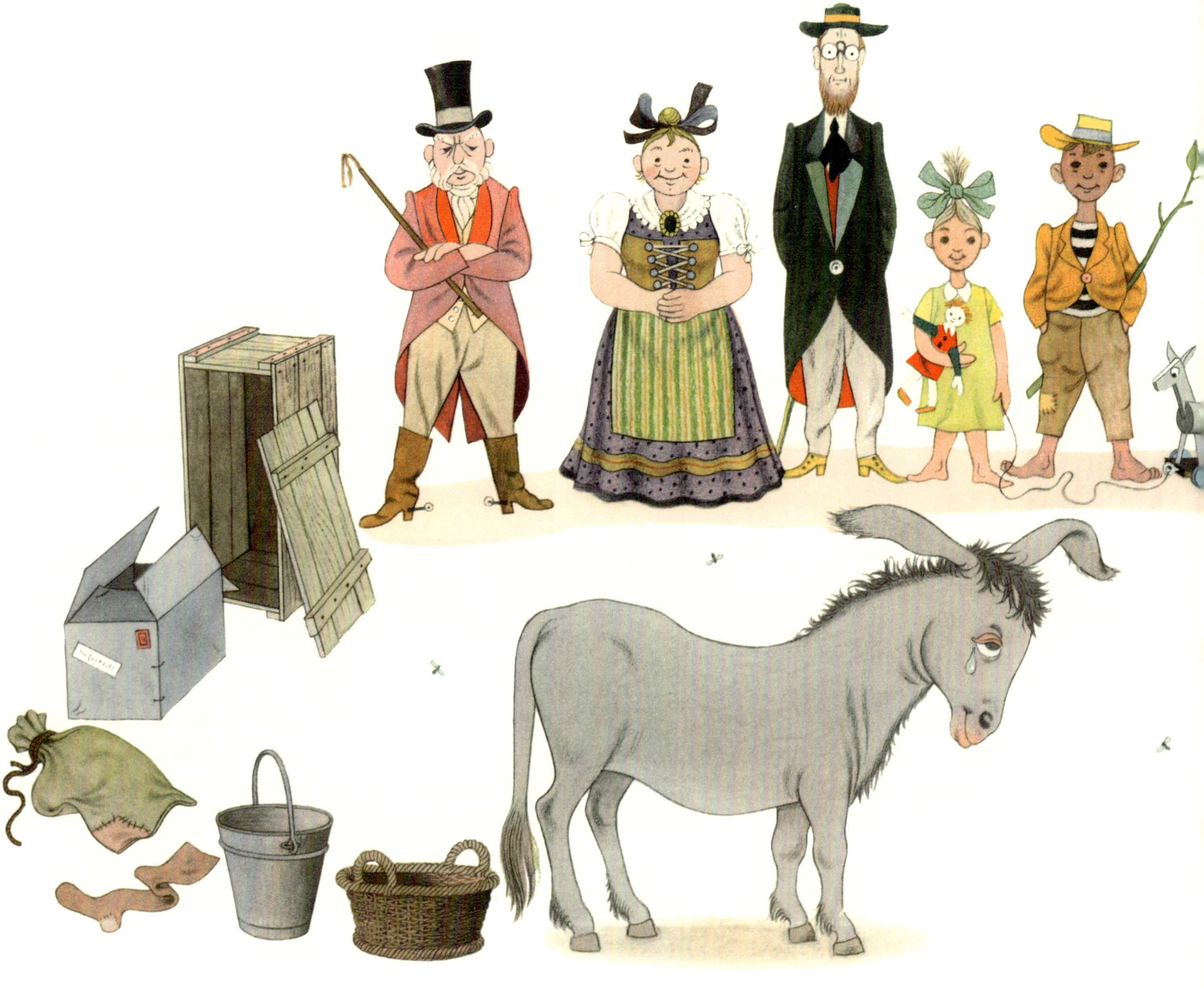

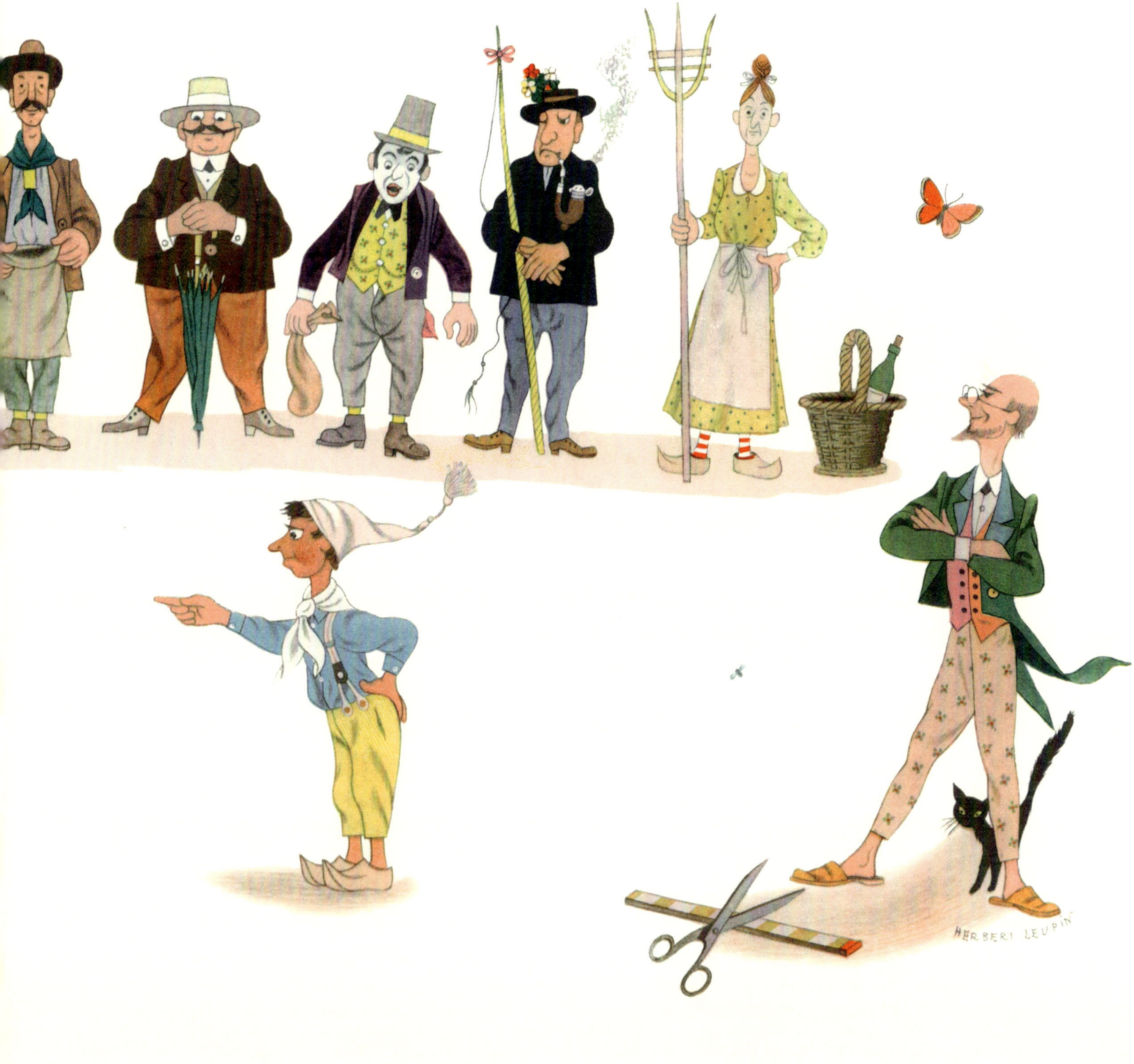
HERBERT LEUPIN

»Aber es ist ein Tischchendeckdich«, antwortete der Sohn, »wenn ich es hinstelle und ihm sage, es solle sich decken, so stehen gleich die schönsten Gerichte darauf und ein Wein dabei, der das Herz erfreut. Ladet nur alle Verwandte und Freunde ein, die sollen sich einmal laben und erquicken, denn das Tischchen macht sie alle satt.« Als die Gesellschaft beisammen war, stellte er sein Tischchen mitten in die Stube und rief: »Tischchen, deck dich!« Aber das Tischchen regte sich nicht und blieb so leer wie ein anderer Tisch, der die Sprache nicht versteht. Da merkte der arme Geselle, dass ihm das Tischchen vertauscht worden war, und er schämte sich, dass er wie ein Lügner dastand. Die Verwandten aber lachten ihn aus und mussten ungetrunken und ungegessen wieder heimwandern. Der Vater holte seine Lappen wieder herbei und schneiderte weiter, der Sohn aber ging bei einem Meister in die Arbeit.

Der zweite Sohn war zu einem Müller gekommen und bei ihm in die Lehre gegangen. Als seine Jahre um waren, sprach der Meister: »Weil du dich so wohl verhalten hast, schenke ich dir einen Esel von einer besonderen Art, er zieht nicht am Wagen und trägt auch keine Säcke.« – »Wozu ist er denn nütze?«, fragte der junge Geselle. »Er speit Gold«, antwortete der Müller, »wenn du ihn auf ein Tuch stellst und rufst: ›Bricklebrit!‹, so speit dir das gute Tier Goldstücke aus, hinten und vorn.« – »Das ist eine schöne Sache«, sprach der Geselle, dankte dem Meister und zog in die Welt. Wenn er Gold nötig hatte, brauchte er nur zu seinem Esel »Bricklebrit!« zu sagen, so regnete es Goldstücke, und er musste nichts weiter tun, als sie von der Erde aufzuheben. Wo er hinkam, war ihm das Beste gut genug, und je teurer, je lieber, denn er hatte immer einen vollen Beutel. Als er sich eine Zeit lang in der Welt umgesehen hatte, dachte er: »Du musst deinen Vater aufsuchen, wenn du mit dem Goldesel kommst, so wird er seinen Zorn vergessen und dich gut aufnehmen.«

Es trug sich zu, dass er in dasselbe Wirtshaus geriet, in welchem seinem Bruder das Tischchen vertauscht worden war. Er führte seinen Esel an der Hand, und der Wirt wollte ihm das Tier abnehmen und es anbinden, der junge Geselle aber sagte: »Gebt Euch keine Mühe, meinen Grauschimmel führe ich selbst in den Stall und binde ihn auch selbst an, denn ich muss wissen, wo er steht.« Dem Wirt kam das wunderlich vor, und er meinte, einer, der seinen Esel selbst versorgen müsste, hätte nicht viel zu verzehren; aber als der Fremde in die Tasche griff, zwei Goldstücke herausholte und sagte, er solle nur etwas Gutes für ihn einkaufen, machte er große Augen, lief und suchte das Beste, das er auftreiben konnte. Nach der Mahlzeit fragte der Gast, was er schuldig wäre, der Wirt wollte die doppelte Kreide verlangen und sagte, noch ein paar Goldstücke müsste er zulegen. Der Geselle griff in die Tasche, aber sein Gold war eben zu Ende. »Wartet einen Augenblick, Herr Wirt«, sprach er, »ich will nur gehen und Gold holen!«, nahm aber das Tischtuch mit. Der Wirt wusste nicht, was das heißen sollte, war neugierig, schlich ihm nach, und da der Gast die Stalltüre zuriegelte, guckte er durch ein Astloch. Der Fremde breitete unter dem

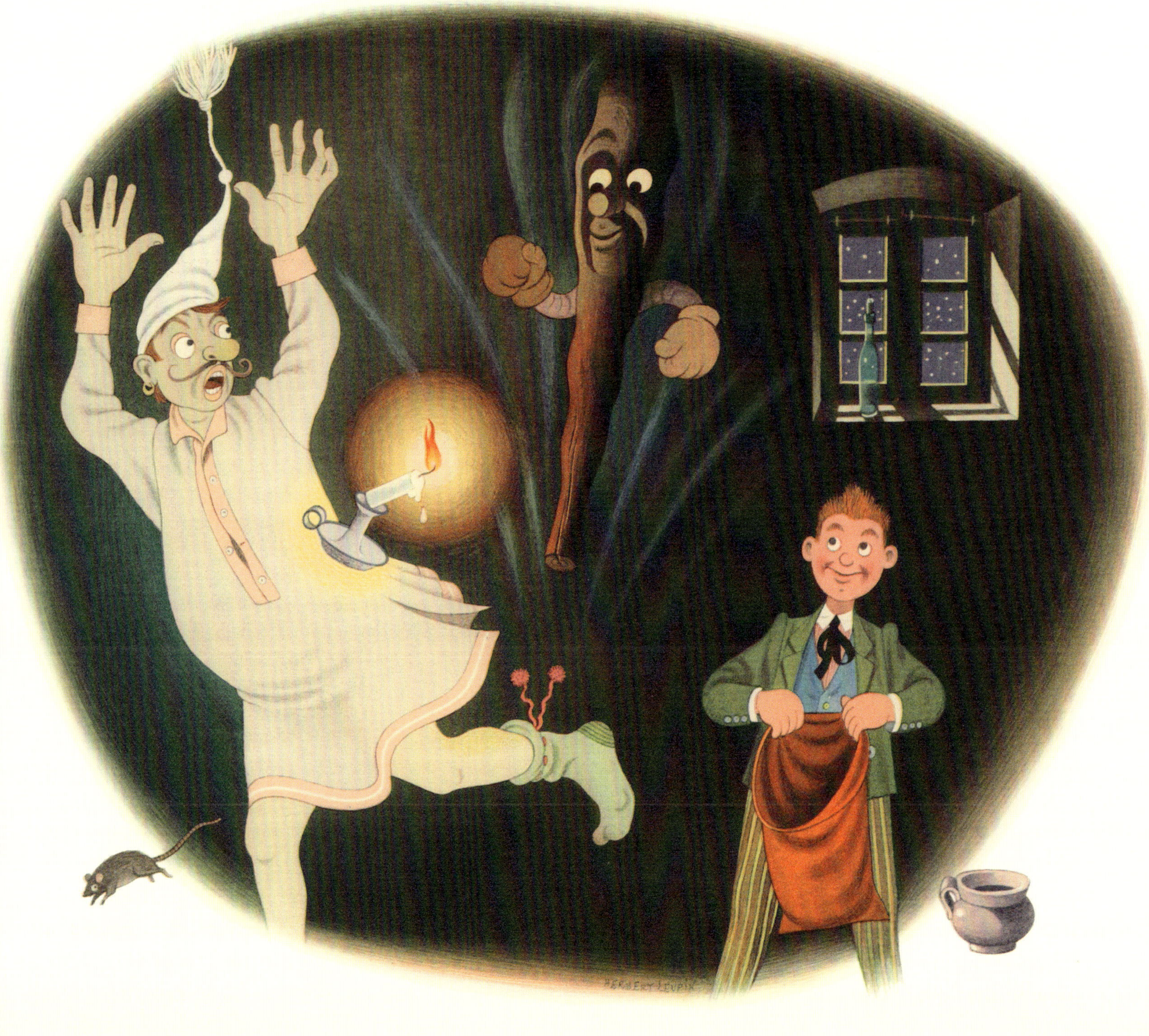

Esel das Tuch aus, rief: »Bricklebrit!«, und augenblicklich fing das Tier an Gold zu speien von hinten und von vorne, sodass es ordentlich auf die Erde herabregnete. »Ei der Tausend!«, rief der Wirt. »Da sind die Dukaten bald geprägt! So ein Geldbeutel ist nicht übel!« Der Gast bezahlte seine Zeche und legte sich schlafen, der Wirt aber schlich in der Nacht hinab in den Stall, führte den Münzmeister weg und band einen andern Esel an seine Stelle.

Am folgenden Morgen in der Frühe zog der Geselle mit seinem Esel ab und meinte, er hätte seinen Goldesel. Mittags kam er bei seinem Vater an, der sich freute, als er ihn wiedersah, und ihn gerne aufnahm. »Was ist aus dir geworden, mein Sohn?«, fragte der Alte. »Ein Müller, lieber Vater«, antwortete er. »Was hast du von deiner Wanderschaft mitgebracht?« – »Weiter nichts als einen Esel.« – »Esel gibt es hier genug«, sagte der Vater, »da wäre mir doch eine gute Ziege lieber gewesen.« – »Ja«, antwortete der Sohn, »aber es ist kein gemeiner Esel, sondern ein Goldesel; wenn ich ›Bricklebrit!‹ rufe, so speit Euch das gute Tier ein ganzes Tuch voll Goldstücke. Lasst nur alle Verwandten herbeirufen, ich mache sie alle zu reichen Leuten.« – »Das gefällt mir«, sagte der Schneider, »dann brauche ich mich mit der Nadel nicht weiter zu quälen«, sprang selbst fort und rief die Verwandten herbei. Sobald sie beisammen waren, hieß sie der Müller Platz machen, breitete sein Tuch aus und brachte den Esel in die Stube. »Jetzt gebt acht!«, sagte er und rief: »Bricklebrit!«, aber es waren keine Goldstücke, was herabfiel, und es zeigte sich, dass das Tier nichts von der Kunst verstand, denn es bringt es nicht jeder Esel so weit. Da machte der arme Müller ein langes Gesicht, sah, dass er betrogen worden war, und bat die Verwandten um Verzeihung, die so arm heimgingen, wie sie gekommen waren. Es blieb nichts anderes übrig, der Alte musste wieder zu der Nadel greifen und der Junge sich bei einem Müller verdingen.

Der dritte Bruder war zu einem Drechsler in die Lehre gegangen, und weil es ein kunstreiches Handwerk ist, musste er am längsten lernen. Seine Brüder aber schrieben ihm in einem Brief, wie schlimm es ihnen ergangen wäre und wie sie der Wirt noch am letzten Abend um ihre schönen Wünschdinge gebracht hätte. Als der Drechsler nun ausgelernt hatte und wandern sollte, schenkte ihm sein Meister, weil er sich so wohl verhalten hatte, einen Sack und sagte: »Es liegt ein Knüppel darin.« – »Den Sack kann ich umhängen, und er kann mir gute Dienste leisten, aber was soll der Knüppel darin? Der macht ihn nur schwer.« – »Das will ich dir sagen«, antwortete der Meister. »Hat dir jemand etwas zuleide getan, so rufe nur: ›Knüppel, aus dem Sack!‹, so springt dir der Knüppel heraus unter die Leute und tanzt ihnen so lustig auf dem Rücken herum, dass sie sich acht Tage lang nicht regen und bewegen können; und eher lässt er nicht ab, als bis du sagst: ›Knüppel, in den Sack!‹« Der Geselle dankte ihm, hängte den Sack um, und wenn ihm jemand zu nahe kam und auf den Leib rücken wollte, so rief er: »Knüppel, aus dem Sack!«, alsbald sprang der Knüppel

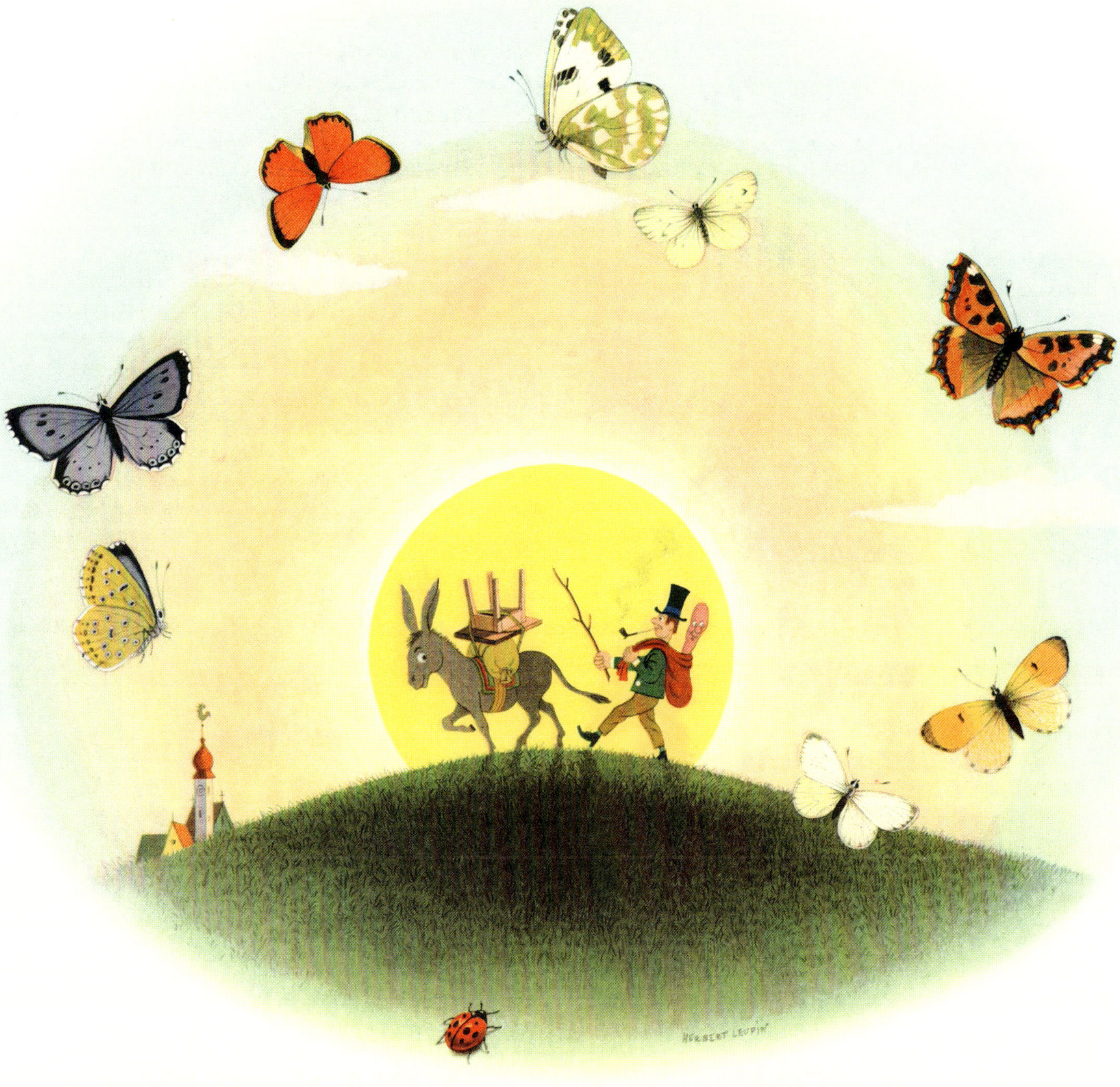
HERBERT LEUPIN

heraus und klopfte einem nach dem andern den Rock oder das Wams gleich auf dem Rücken aus und wartete nicht erst, bis er ihn ausgezogen hatte; und das ging so geschwind, dass, ehe sich's einer versah, die Reihe schon an ihm war.

Der junge Drechsler langte zur Abendzeit in dem Wirtshaus an, in dem seine Brüder betrogen worden waren. Er legte seinen Ranzen vor sich auf den Tisch und fing an zu erzählen, was er alles Merkwürdiges in der Welt gesehen habe. »Ja«, sagte er, »man findet wohl ein Tischchendeckdich, einen Goldesel und dergleichen, lauter gute Dinge, die ich nicht verachte, aber das ist alles nichts gegen den Schatz, den ich mir erworben habe und mit mir da in meinem Sack führe.« Der Wirt spitzte die Ohren: »Was in aller Welt mag das sein?«, dachte er. »Der Sack ist wohl mit lauter Edelsteinen angefüllt, den sollte ich billig auch noch haben, denn aller guten Dinge sind drei.« Als Schlafenszeit war, streckte sich der Gast auf die Bank und legte seinen Sack als Kopfkissen unter. Der Wirt, als er meinte, der Gast läge in tiefem Schlaf, ging herbei, rückte und zog ganz sachte und vorsichtig an dem Sack, ob er ihn vielleicht wegziehen und einen andern unterlegen könnte. Der Drechsler aber hatte schon lange darauf gewartet. Wie nun der Wirt eben einen herzhaften Ruck tun wollte, rief er: »Knüppel, aus dem Sack!« Alsbald fuhr das Knüppelchen heraus, dem Wirt auf den Leib und verklopfte ihn, dass es eine Art hatte. Der Wirt schrie zum Erbarmen, aber je lauter er schrie, desto kräftiger schlug der Knüppel ihm den Takt dazu auf den Rücken, bis er endlich erschöpft zur Erde fiel. Da sprach der Drechsler: »Wenn du das Tischchendeckdich und den Goldesel nicht wieder herausgibst, so soll der Tanz von Neuem angehen!« – »Ach nein«, rief der Wirt ganz kleinlaut, »ich gebe alles gerne wieder heraus, lasst nur den verwünschten Kobold wieder in den Sack kriechen.« Da sprach der Geselle: »Ich will Gnade vor Recht ergehen lassen, aber hüte dich vor Schaden!« Dann rief er: »Knüppel, in den Sack!«, und ließ ihn ruhen.

Der Drechsler zog am andern Morgen mit dem Tischchendeckdich und dem Goldesel heim zu seinem Vater. Der Schneider freute sich, als er ihn wiedersah, und fragte auch ihn, was er in der Fremde gelernt hätte. »Lieber Vater«, antwortete er, »ich bin ein Drechsler geworden.« – »Ein kunstreiches Handwerk«, sagte der Vater, »was hast du von der Wanderschaft mitgebracht?« – »Ein kostbares Stück, lieber Vater«, antwortete der Sohn, »einen Knüppel in dem Sack.« »Was?«, rief der Vater, »einen Knüppel! Das ist nicht der Rede wert! Den kannst du dir von jedem Baum abhauen.« – »Aber einen solchen nicht, lieber Vater. Sage ich: ›Knüppel aus dem Sack!‹, so springt der Knüppel heraus und macht mit dem, der es nicht gut mit mir meint, einen schlimmen Tanz und lässt nicht eher nach, als bis er auf der Erde liegt und um Gnade bittet. Seht ihr, mit diesem Knüppel habe ich das Tischchendeckdich und den Goldesel wieder herbeigeschafft, die der diebische Wirt meinen Brüdern abgenommen hatte. Jetzt lasst sie beide rufen und ladet alle Verwandten

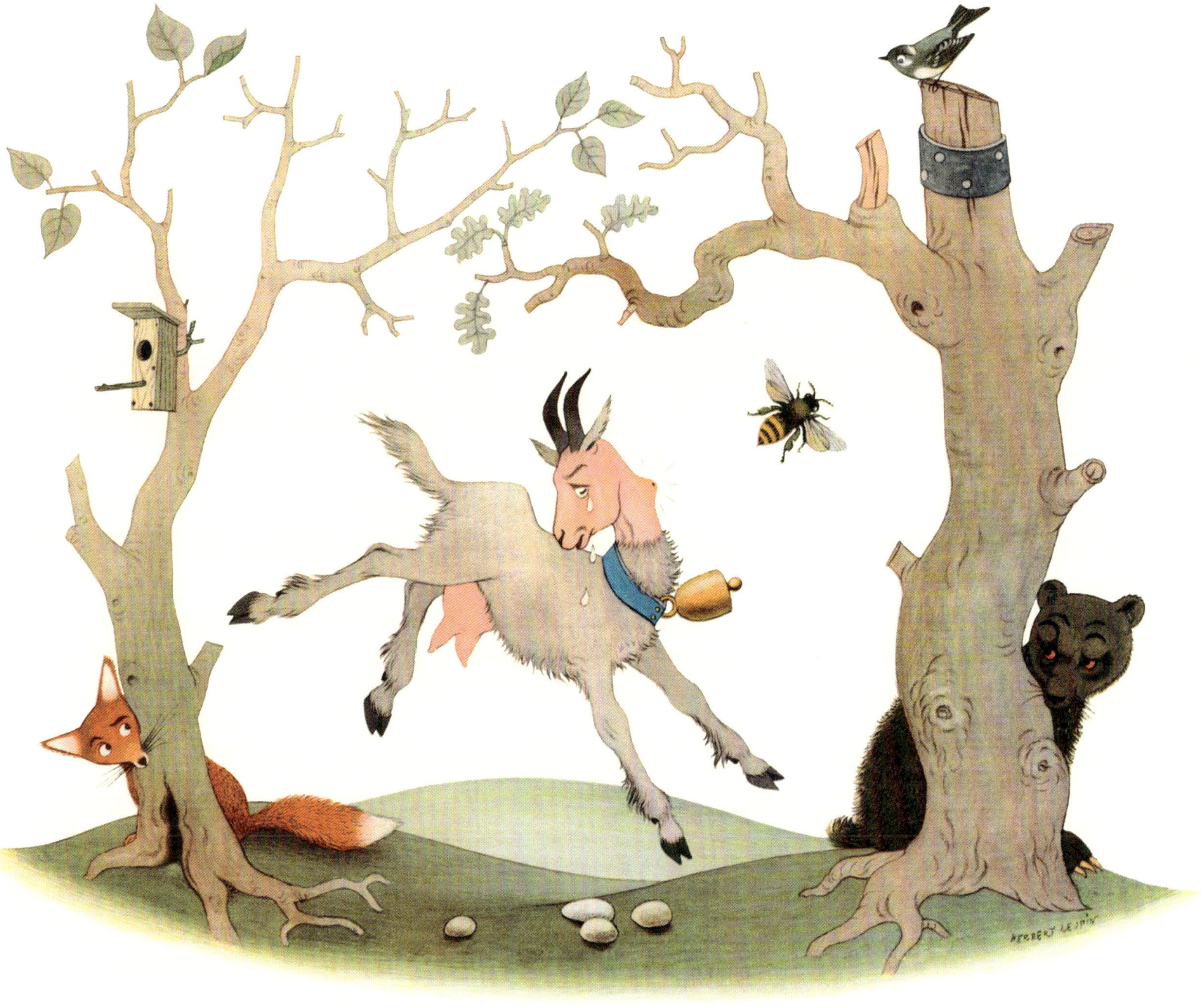
HERBERT LEUPIN

ein, ich will sie verpflegen und will ihnen die Taschen noch mit Gold füllen.«

Der alte Schneider wollte dem nicht recht trauen, brachte aber doch die Verwandten zusammen. Da deckte der Drechsler ein Tuch in die Stube, führte den Goldesel herein und sagte zu seinem Bruder: »Nun, lieber Bruder, sprich mit ihm.« Der Müller rief: »Bricklebrit!«, und augenblicklich sprangen die Goldstücke auf das Tuch herab, als käme ein Platzregen, und der Esel hörte nicht eher auf, als bis alle so viel hatten, dass sie nicht mehr tragen konnten. (Ich sehe es dir an, du wärst auch gerne dabei gewesen!) Dann holte der Drechsler das Tischchen und sagte: »Lieber Bruder, nun sprich mit ihm.« Und kaum hatte der Schreiner »Tischchen, deck dich!« gerufen, war es gedeckt und mit den schönsten Schüsseln reichlich besetzt. Da wurde eine Mahlzeit gehalten, wie der gute Schneider noch keine in seinem Haus erlebt hatte, und die ganze Verwandtschaft blieb beisammen bis in die Nacht, und waren alle lustig und vergnügt. Der Schneider schloss Nadel und Zwirn, Elle und Bügeleisen in einen Schrank und lebte mit seinen drei Söhnen in Freude und Herrlichkeit.

Wo ist aber die Ziege hingekommen, die schuld war, dass der Schneider seine drei Söhne fortjagte? Das will ich dir sagen. Sie schämte sich, dass sie einen kahlen Kopf hatte, lief in eine Fuchshöhle und verkroch sich hinein. Als der Fuchs nach Hause kam, funkelten ihm ein paar große Augen aus der Dunkelheit entgegen, sodass er erschrak und wieder zurücklief. Der Bär begegnete ihm, und da der Fuchs ganz verstört aussah, sprach er: »Was ist mit dir, Bruder Fuchs? Was machst du für ein Gesicht?« – »Ach«, antwortete der Rote, »ein grimmiges Tier sitzt in meiner Höhle und hat mich mit feurigen Augen angeglotzt.« »Das wollen wir bald vertreiben«, sprach der Bär, ging mit zu der Höhle und schaute hinein; als er aber die feurigen Augen erblickte, bekam er ebenfalls Angst. Er wollte mit dem grimmigen Tier nichts zu tun haben und nahm Reißaus. Die Biene begegnete ihm, und da sie merkte, dass es ihm in seiner Haut nicht wohl zumute war, sprach sie: »Bär, du machst ja ein gewaltig verdrießlich Gesicht, wo ist deine Lustigkeit geblieben?« – »Du hast gut reden«, antwortete der Bär, »es sitzt ein grimmiges Tier mit Glotzaugen im Haus des Roten, und wir können es nicht herausjagen.« Die Biene sprach: »Du tust mir leid, Bär, ich bin ein armes, schwaches Geschöpf, das ihr kaum beachtet, aber ich glaube doch, dass ich euch helfen kann.« Sie flog in die Fuchshöhle, setzte sich der Ziege auf den glatten, geschorenen Kopf und stach sie so gewaltig, dass sie aufsprang, »mäh! mäh!« schrie und wie toll in die Welt hineinlief; und es weiß bis heute niemand, wo sie hingelaufen ist.

DER GESTIEFELTE KATER

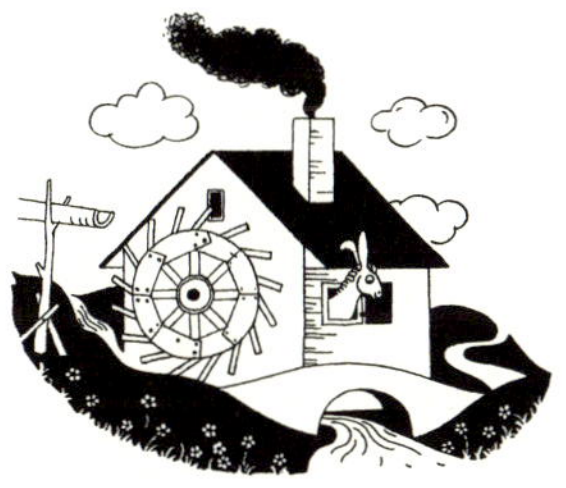

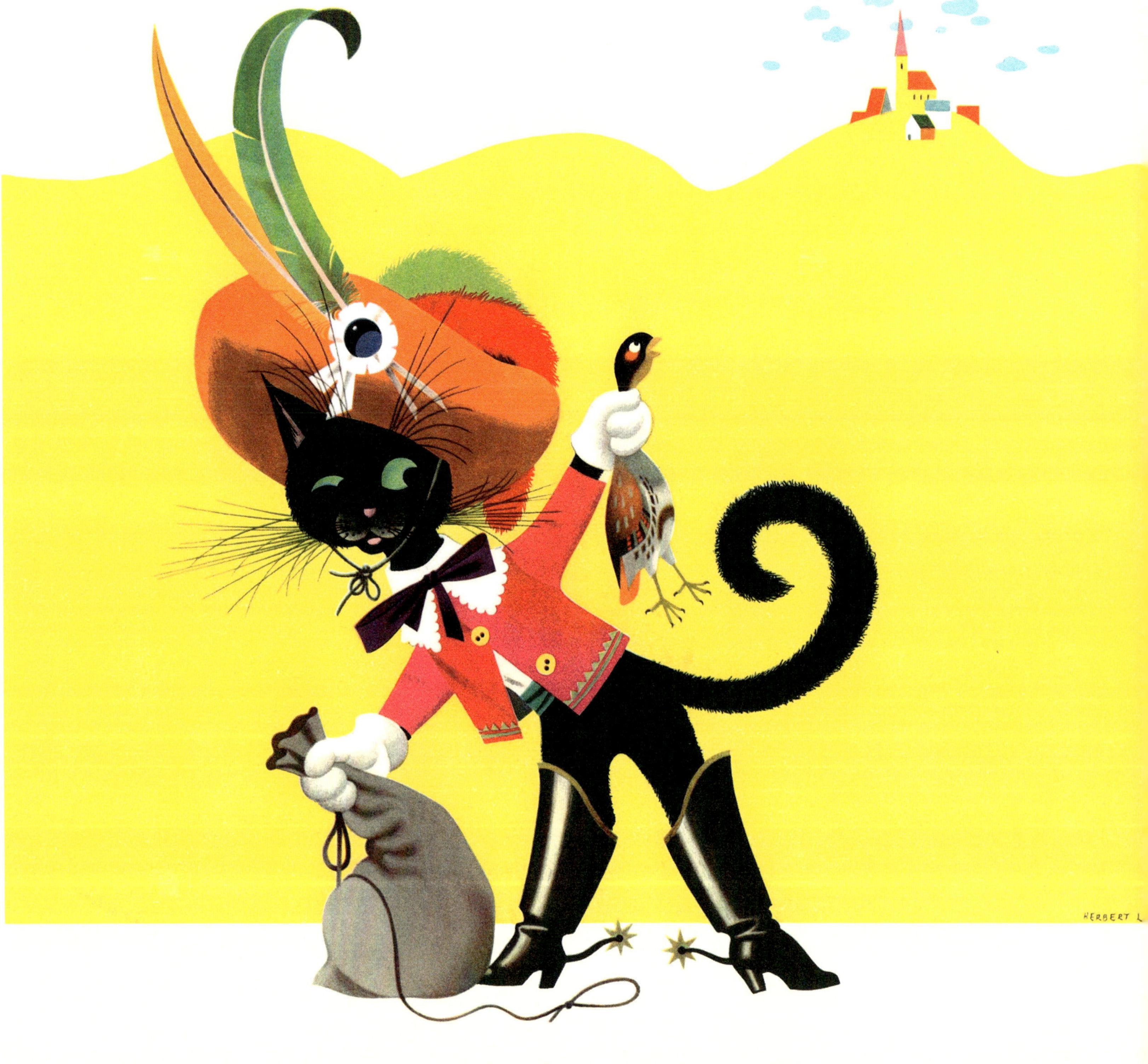
HERBERT L

Ein Müller hatte drei Söhne, seine Mühle, einen Esel und einen Kater. Die Söhne mussten mahlen, der Esel Getreide holen und Mehl forttragen und die Katze die Mäuse wegfangen. Als der Müller starb, teilten sich die drei Söhne die Erbschaft: Der älteste bekam die Mühle, der zweite den Esel, der dritte den Kater, weiter blieb nichts für ihn übrig. Da war er traurig und sprach zu sich selbst: »Ich hab es doch am allerschlimmsten abgekriegt: Mein ältester Bruder kann mahlen, mein zweiter kann auf seinem Esel reiten; was kann ich mit dem Kater anfangen? Lass ich mir ein paar Pelzhandschuhe aus seinem Fell machen, so ist es schon vorbei.« – »Hör zu«, fing der Kater an, der alles verstanden hatte, was er gesagt hatte, »du brauchst mich nicht zu töten, um ein paar schlechte Handschuhe aus meinem Pelz zu kriegen, lass mir nur ein paar Stiefel machen, damit ich ausgehen und mich unter den Leuten sehen lassen kann, dann soll dir bald geholfen sein.«

Der Müllerssohn wunderte sich, dass der Kater so sprach; weil aber eben der Schuster vorbeiging, rief er ihn herein und ließ ihm ein paar Stiefel anpassen. Als sie fertig waren, zog sie der Kater an, nahm einen Sack, füllte den Boden desselben mit Korn und machte oben eine Schnur daran, womit man ihn zuziehen konnte. Dann warf er den Sack über den Rücken und ging auf zwei Beinen, wie ein Mensch, zur Türe hinaus.

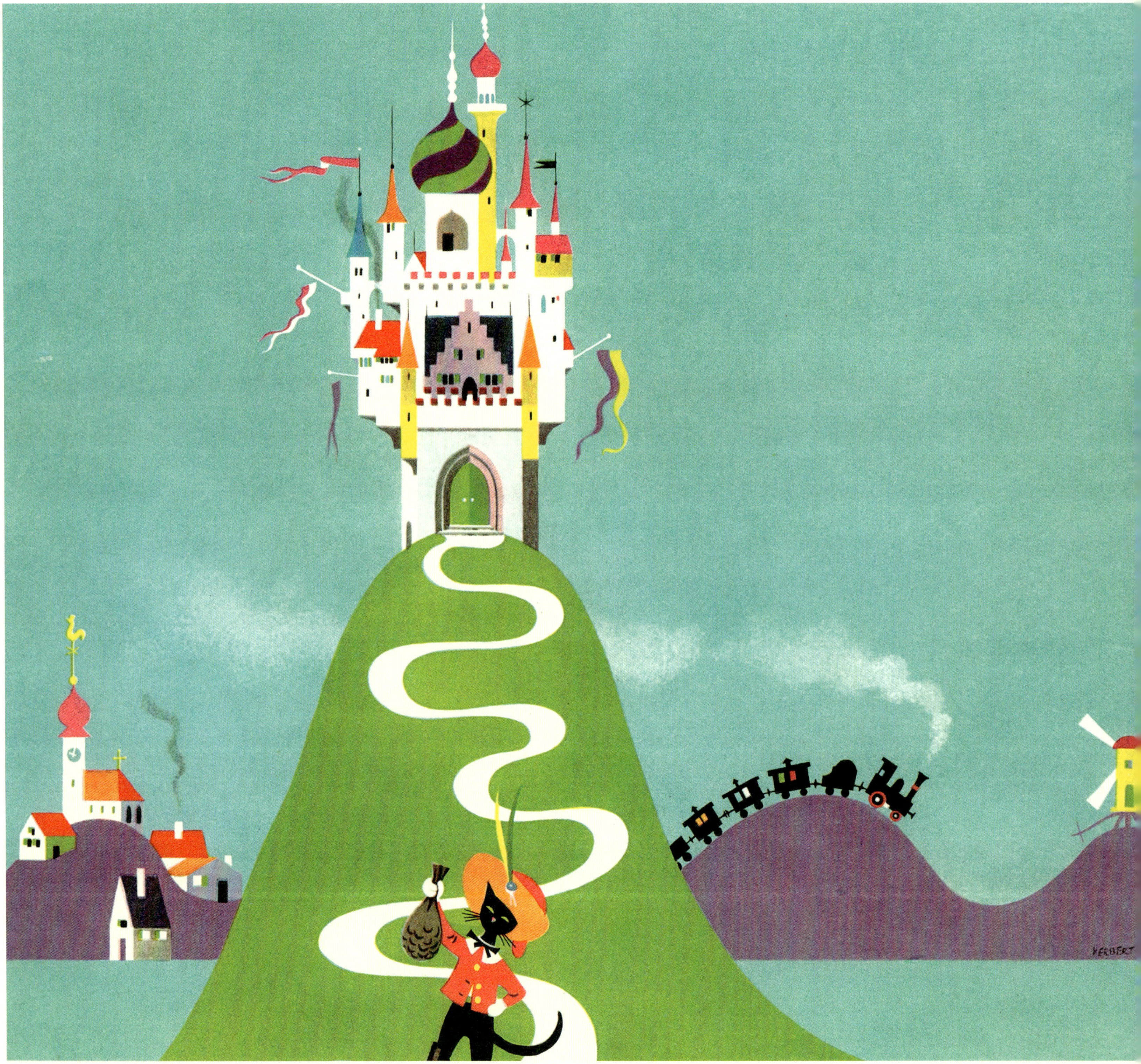
HERBERT

Damals regierte ein König in dem Land, der aß so gern Rebhühner. Es herrschte aber eine Not, dass keine zu kriegen waren. Der ganze Wald war voll, aber sie waren so scheu, dass kein Jäger sie erwischen konnte. Das wusste der Kater und beschloss, seine Sache besser zu machen. Als er in den Wald kam, machte er den Sack auf und breitete das Korn aus. Die Schnur aber legte er ins Gras und leitete sie hinter eine Hecke. Da versteckte er sich selber, schlich herum und lauerte. Die Rebhühner kamen bald gelaufen, fanden das Korn und eins nach dem andern hüpfte in den Sack hinein. Als eine gute Anzahl darin war, zog der Kater den Strick zu, lief herbei und drehte ihnen den Hals um; dann warf er den Sack auf den Rücken und ging geradewegs zum Schloss des Königs. Die Wache rief: »Halt! Wohin?« – »Zum König!«, antwortete der Kater kurzweg. »Bist du verrückt, ein Kater zum König?« – »Lass ihn nur gehen«, sagte ein anderer, »der König hat doch oft Langeweile, vielleicht macht ihm der Kater mit seinem Brummen und Schnurren Vergnügen.«

Als der Kater vor den König kam, machte er eine Verbeugung und sagte: »Mein Herr, der Graf«, dabei nannte er einen langen und vornehmen Namen, »lässt sich dem Herrn König empfehlen und schickt ihm hier Rebhühner, die er eben in Schlingen gefangen hat.« Der König erstaunte über die schönen fetten Rebhühner, wusste sich vor Freude nicht zu lassen und befahl dem Kater, so viel Gold aus der Schatzkammer in den Sack zu tun, wie er tragen könne: »Das bring deinem Herrn und dank ihm noch vielmals für sein Geschenk!«

Der arme Müllerssohn aber saß zu Hause am Fenster, stützte den Kopf auf die Hand und dachte, dass er nun sein Letztes für die Stiefel des Katers weggegeben hatte, und was würde ihm der schon Großes dafür bringen. Da trat der Kater herein, warf den Sack vom Rücken, schnürte ihn auf und schüttete das Gold vor den Müller hin: »Da hast du etwas für die Stiefel; der König lässt dich auch grüßen und dir vielen Dank sagen.« Der Müller war froh über den Reichtum, ohne dass er recht begreifen konnte, wie er zustande gekommen war. Der Kater aber, während er seine Stiefel auszog, erzählte ihm alles, dann sagte er: »Du hast

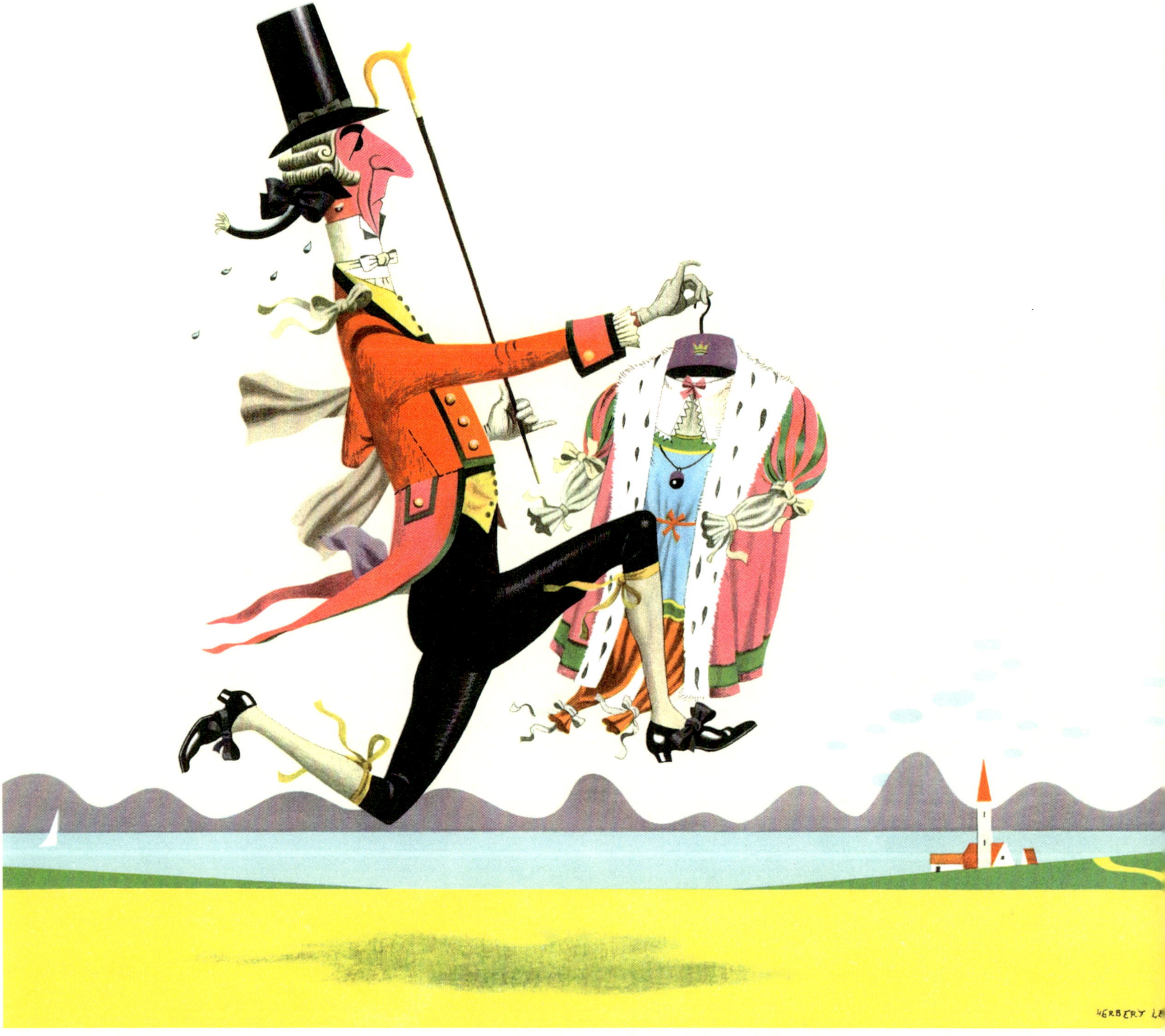

zwar jetzt Geld genug, aber dabei soll es nicht bleiben. Morgen ziehe ich meine Stiefel wieder an; du sollst noch reicher werden. Dem König hab ich auch gesagt, dass du ein Graf bist.«

Am andern Tag ging der Kater, wie er gesagt hatte, wohlgestiefelt wieder auf die Jagd und brachte dem König einen reichen Fang. So ging es alle Tage, und der Kater brachte alle Tage Gold heim und wurde so beliebt bei dem König, dass er aus und ein gehen und im Schloss herumstreichen durfte, wie er wollte. Einmal stand der Kater in der Küche des Königs beim Herd und wärmte sich, da kam der Kutscher und fluchte: »Ich wünschte, der König mit der Prinzessin wär beim Henker! Ich wollte ins Wirtshaus gehen und auch einmal trinken und Karten spielen, da soll ich sie spazieren fahren an den See.« Wie der Kater das hörte, schlich er nach Hause und sagte zu seinem Herrn: »Wenn du ein Graf und reich werden willst, so komm mit mir hinaus an den See und bade dich darin.« Der Müller wusste nicht, was er dazu sagen sollte; doch folgte er dem Kater, ging mit ihm, zog sich splitternackt aus und sprang ins Wasser. Der Kater aber nahm seine Kleider, trug sie fort und versteckte sie.

Kaum war er damit fertig, kam der König dahergefahren. Der Kater fing sogleich an, erbärmlich zu lamentieren: »Ach, allergnädigster König! Mein Herr, der hat sich hier im See gebadet, da ist ein Dieb gekommen und hat ihm die Kleider gestohlen, die am Ufer lagen. Nun ist der Herr Graf im Wasser und kann nicht hinaus, und wenn er länger darin bleibt, wird er sich erkälten und sterben.« Wie der König das hörte, ließ er haltmachen und einer von seinen Leuten musste zurückjagen und Kleider des Königs holen. Der Herr Graf zog die prächtigsten Kleider an, und weil ihm der König ohnehin wegen der Rebhühner, die er meinte von ihm empfangen zu haben, gewogen war, musste er sich zu ihm in die Kutsche setzen. Die Prinzessin war auch nicht böse darüber, denn der Graf war jung und schön. Und er gefiel ihr recht gut.

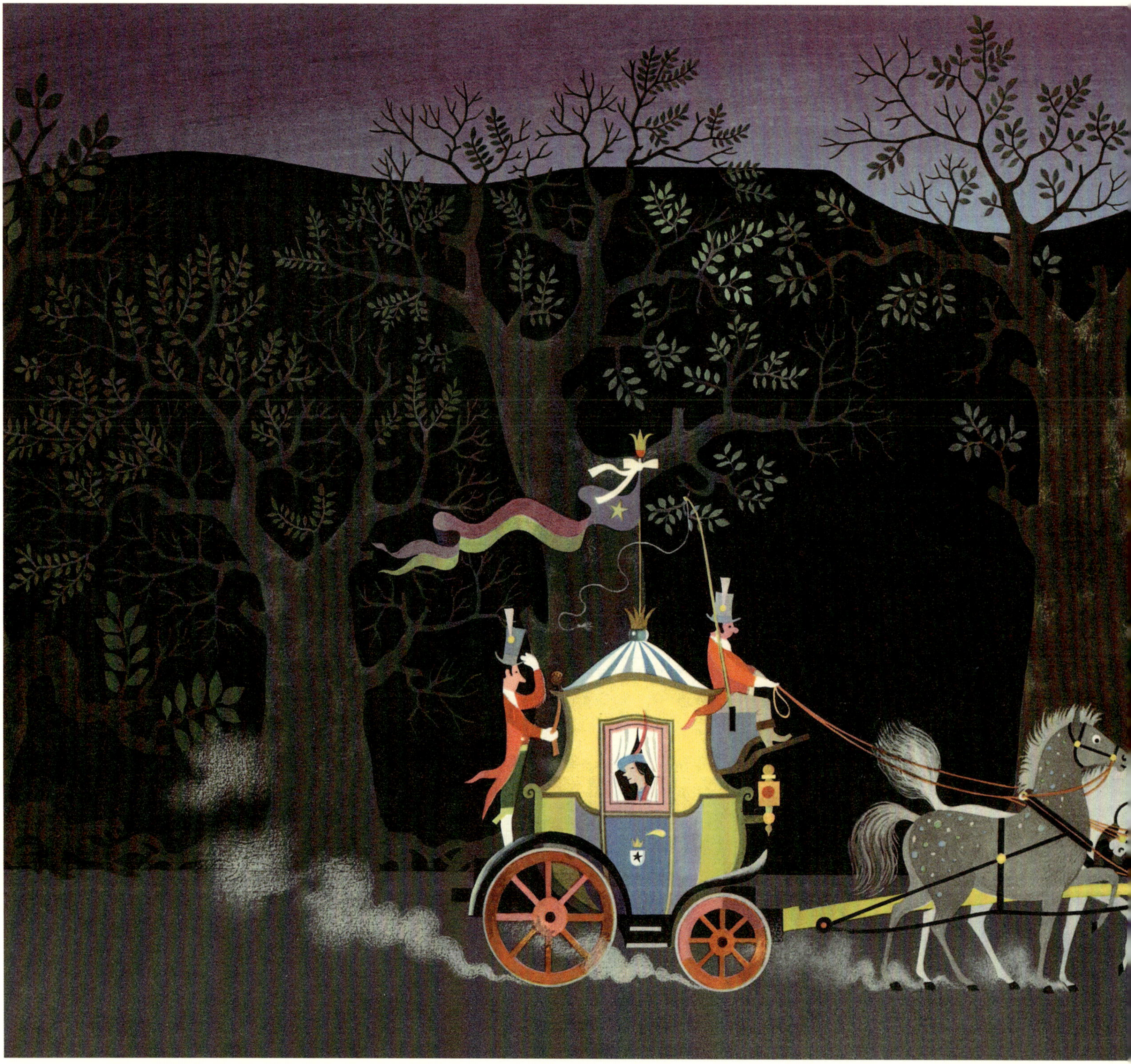

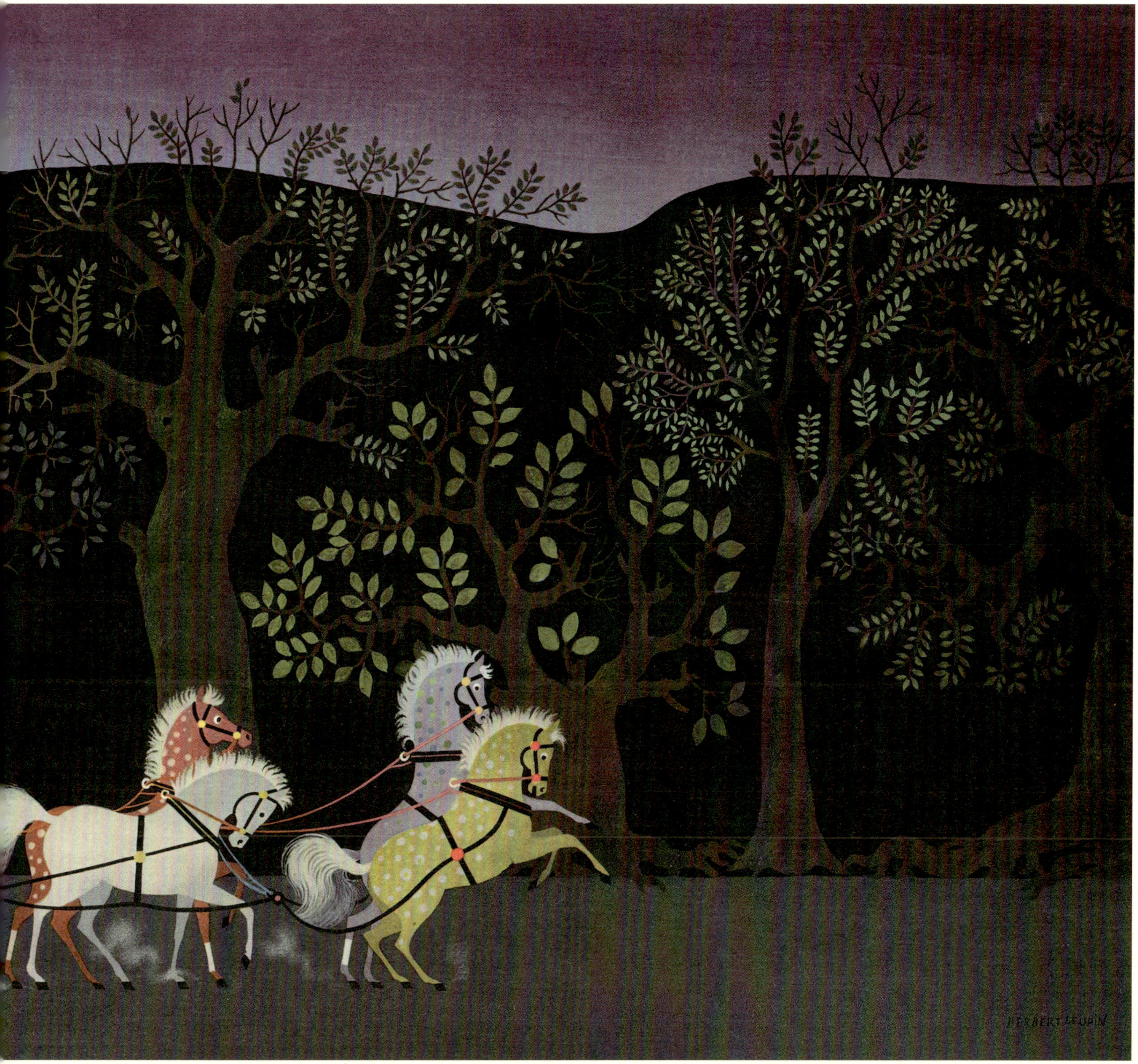
HERBERT LEUPIN

Der Kater aber war vorausgegangen und zu einer großen Wiese gekommen, auf der über hundert Leute waren und Heu machten. »Wem gehört die Wiese, ihr Leute?«, fragte der Kater. »Dem großen Zauberer.« – »Hört, jetzt wird der König bald vorbeifahren; wenn er fragt, wem die Wiese gehört, so antwortet: dem Grafen. Und wenn ihr das nicht tut, so werdet ihr alle totgeschlagen.« Darauf ging der Kater weiter und kam an ein Kornfeld, so groß, dass es niemand übersehen konnte. Da standen mehr als zweihundert Leute und schnitten das Korn. »Wem gehört das Korn, ihr Leute?« – »Dem Zauberer.« – »Hört, jetzt wird der König vorbeifahren; wenn er fragt, wem das Korn gehört, so antwortet: dem Grafen. Und wenn ihr das nicht tut, so werdet ihr alle totgeschlagen.« Schließlich kam der Kater an einen prächtigen Wald. Da standen mehr als dreihundert Leute, fällten die großen Eichen und machten Holz. »Wem gehört der Wald, ihr Leute?« – »Dem Zauberer.« – »Hört, jetzt wird der König vorbeifahren; wenn er fragt, wem der Wald gehört, so antwortet: dem Grafen. Und wenn ihr das nicht tut, so werdet ihr alle umgebracht.«

Der Kater ging noch weiter. Die Leute sahen ihm alle nach, und weil er so wunderlich aussah und wie ein Mensch in Stiefeln daherkam, fürchteten sie sich vor ihm. Er kam bald zum Schloss des Zauberers, trat keck ein und vor ihn hin. Der Zauberer sah ihn verächtlich an und fragte ihn, was er wolle. Der Kater machte eine Verbeugung und sagte: »Ich habe gehört, dass du dich in jedes Tier nach deinem Gefallen verwandeln könntest. Was einen Hund, Fuchs oder auch Wolf betrifft, da will ich es wohl glauben. Aber in einen Elefanten, das scheint mir ganz unmöglich, und deshalb bin ich gekommen, um mich selbst zu überzeugen.« Der Zauberer sagte stolz: »Das ist eine Kleinigkeit für mich«, und war in dem Augenblick in einen Elefanten verwandelt.

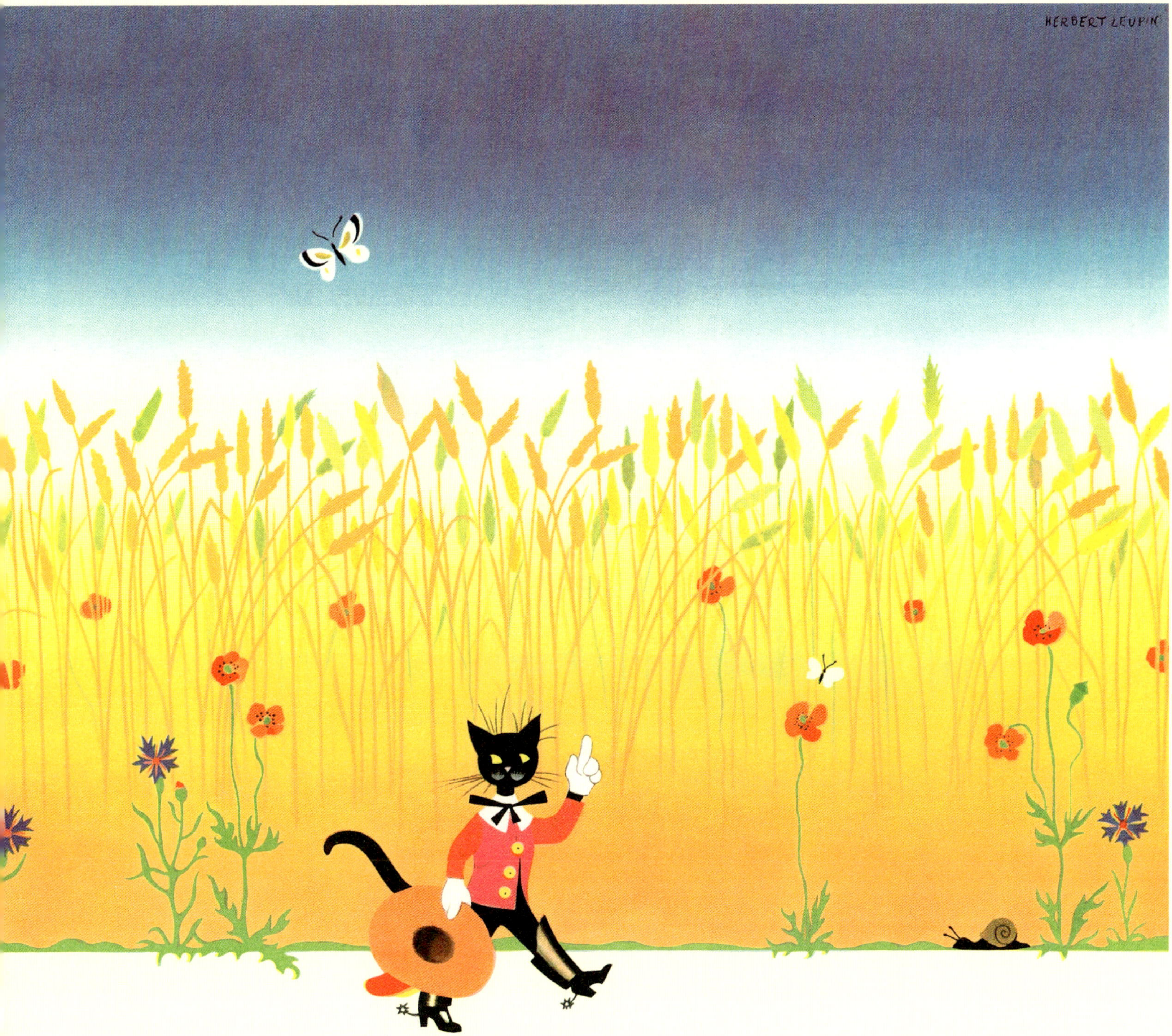
HERBERT LEUPIN

»Das ist viel, aber auch in einen Löwen?« – »Das ist auch nichts«, sagte der Zauberer und stand als Löwe vor dem Kater. Der Kater stellte sich erschrocken und rief: »Das ist unglaublich und unerhört; dergleichen wäre mir nicht im Traum eingefallen. Aber noch mehr wert als alles andere wäre es, wenn du dich auch in ein so kleines Tier wie eine Maus verwandeln könntest. Du kannst gewiss mehr als irgendein Zauberer auf der Welt; aber das wird dir doch zu hoch sein.« Der Zauberer wurde ganz freundlich von den süßen Worten und sagte: »O ja, liebes Kätzchen, das kann ich auch«, und sprang als Maus im Zimmer herum. Der Kater war hinter ihm her, fing die Maus mit einem Sprung und fraß sie auf.

Der König aber war mit dem Grafen und der Prinzessin weiter spazieren gefahren und kam zu der großen Wiese. »Wem gehört das Heu?«, fragte der König. »Dem Herrn Grafen!«, riefen alle, wie der Kater ihnen befohlen hatte. »Ihr habt da ein schönes Stück Land, Herr Graf«, sagte er. Danach kamen sie an das große Kornfeld. »Wem gehört das Korn, ihr Leute?« – »Dem Herrn Grafen.« – »Ei! Herr Graf! Große, schöne Ländereien!« Darauf kamen sie zu dem Wald: »Wem gehört das Holz, ihr Leute?« – »Dem Herrn Grafen.« Der König wunderte sich noch mehr und sagte: »Ihr müsst ein reicher Mann sein, Herr Graf. Ich glaube nicht, dass ich einen so prächtigen Wald habe.«

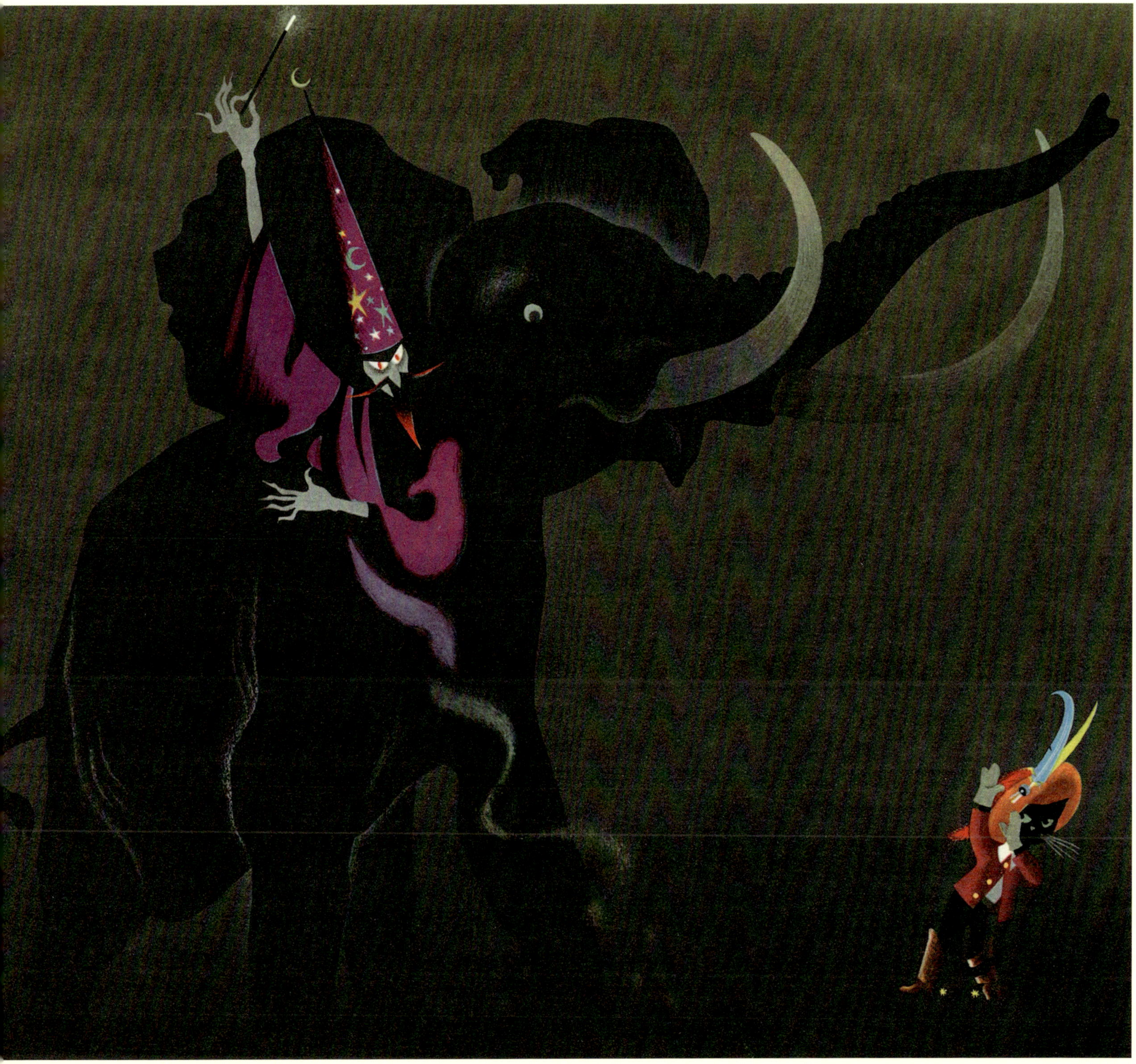

Endlich kamen sie zum Schloss. Der Kater stand oben an der Treppe, und als der Wagen unten hielt, sprang er hinab, machte die Türe auf und sagte: »Herr König, Ihr gelangt hier in das Schloss meines Herrn, des Grafen, den diese Ehre sein Leben lang glücklich machen wird.« Der König stieg aus und wunderte sich über das prächtige Gebäude, das fast größer und schöner war als sein Schloss. Der Graf aber führte die Prinzessin die Treppe hinauf in den Saal, der ganz von Gold und Edelsteinen flimmerte.

Da wurde die Prinzessin dem Grafen versprochen, und als der König starb, wurde er König, der gestiefelte Kater aber erster Minister.

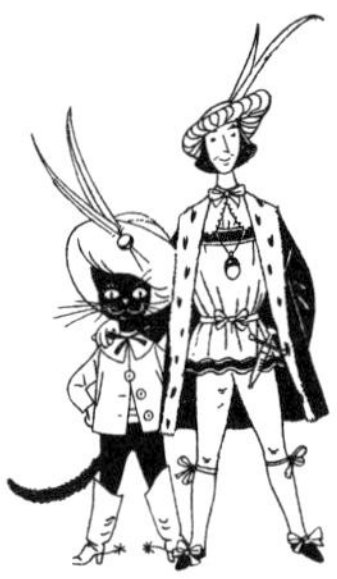

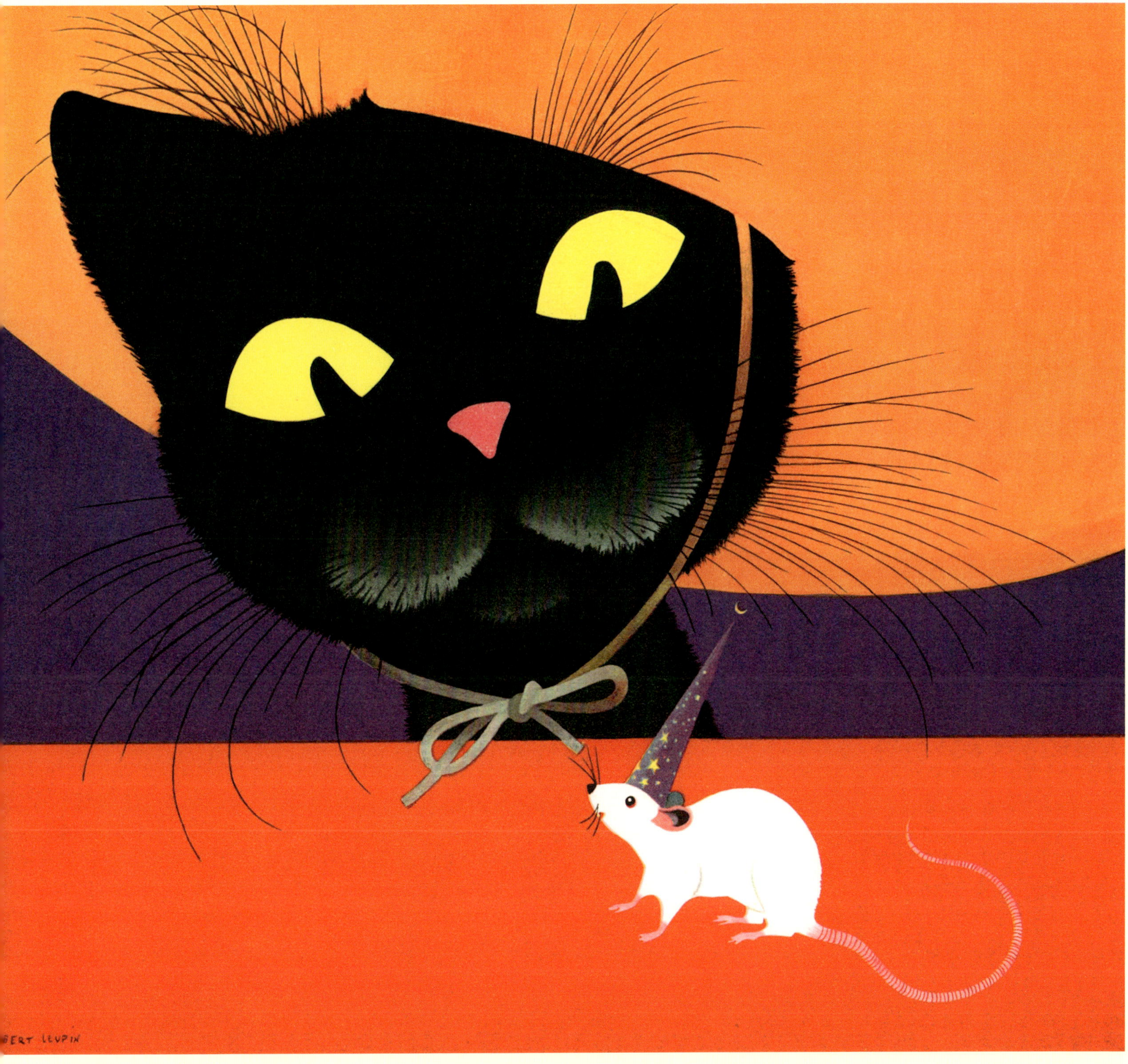
BERT LEUPIN

DER WOLF UND DIE SIEBEN JUNGEN GEISSLEIN

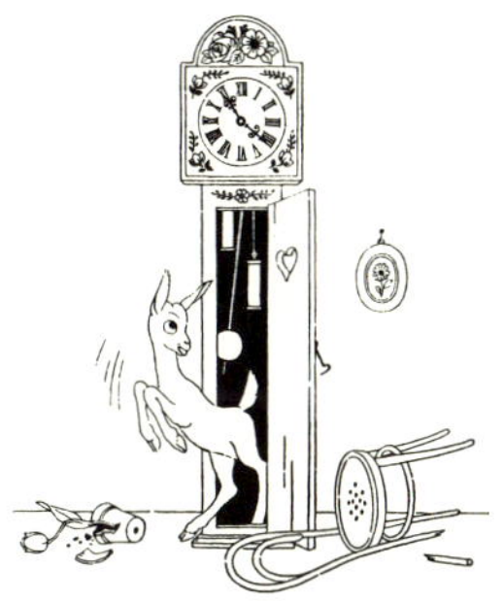

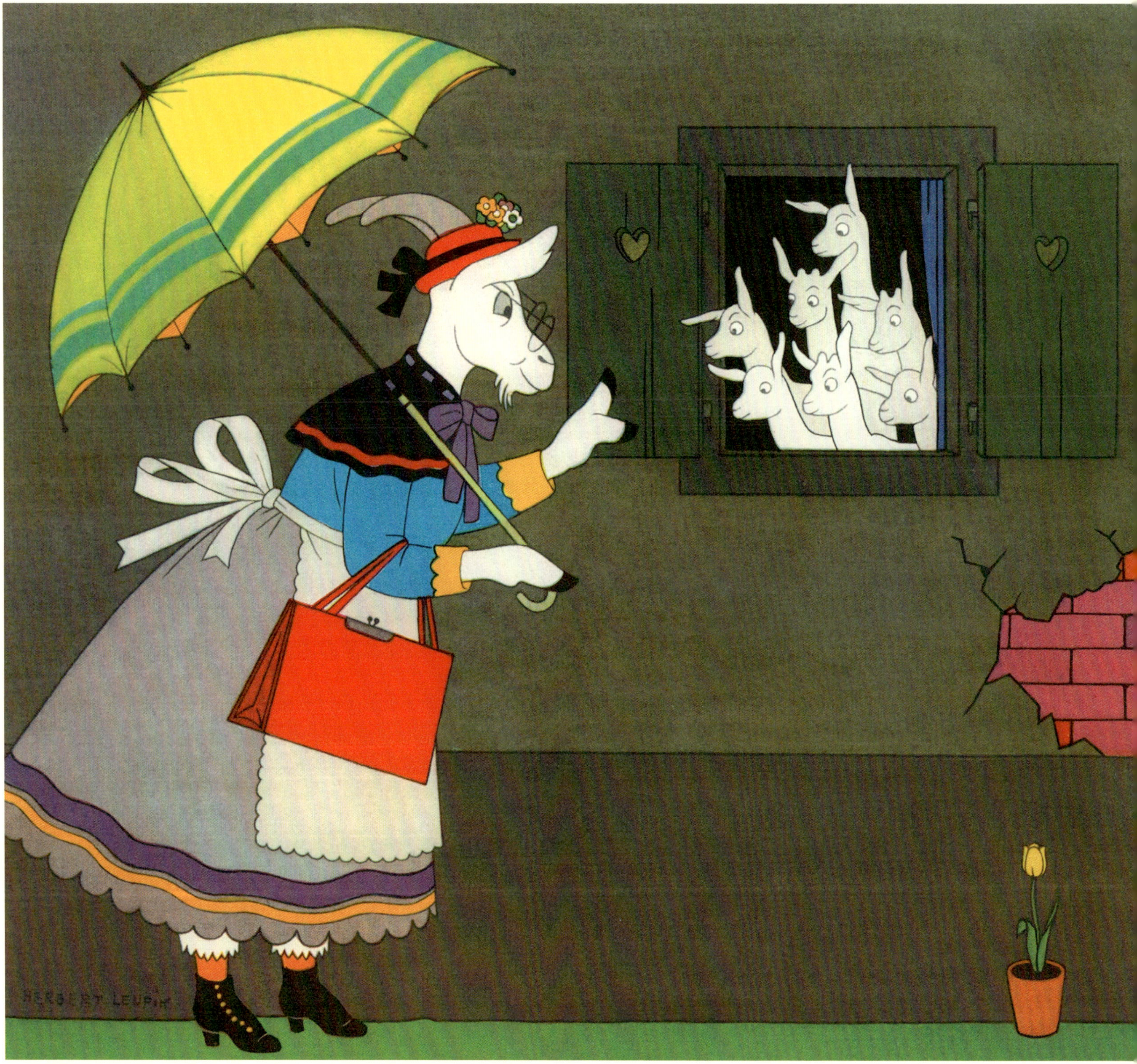
HERBERT LEUPIN

Es war einmal eine alte Geiß, die hatte sieben junge Geißlein und hatte sie lieb, wie eine Mutter ihre Kinder lieb hat. Eines Tages wollte sie in den Wald gehen und Futter holen, da rief sie alle sieben herbei und sprach: »Liebe Kinder, ich will hinaus in den Wald, seid auf der Hut vor dem Wolf, wenn er hereinkommt, dann frisst er euch alle mit Haut und Haar. Der Bösewicht verstellt sich oft, aber an seiner rauen Stimme und an seinen schwarzen Füßen werdet ihr ihn gleich erkennen.«

Die Geißlein sagten: »Liebe Mutter, wir wollen uns schon in Acht nehmen, Ihr könnt ohne Sorge fortgehen.« Da meckerte die Alte und machte sich getrost auf den Weg.

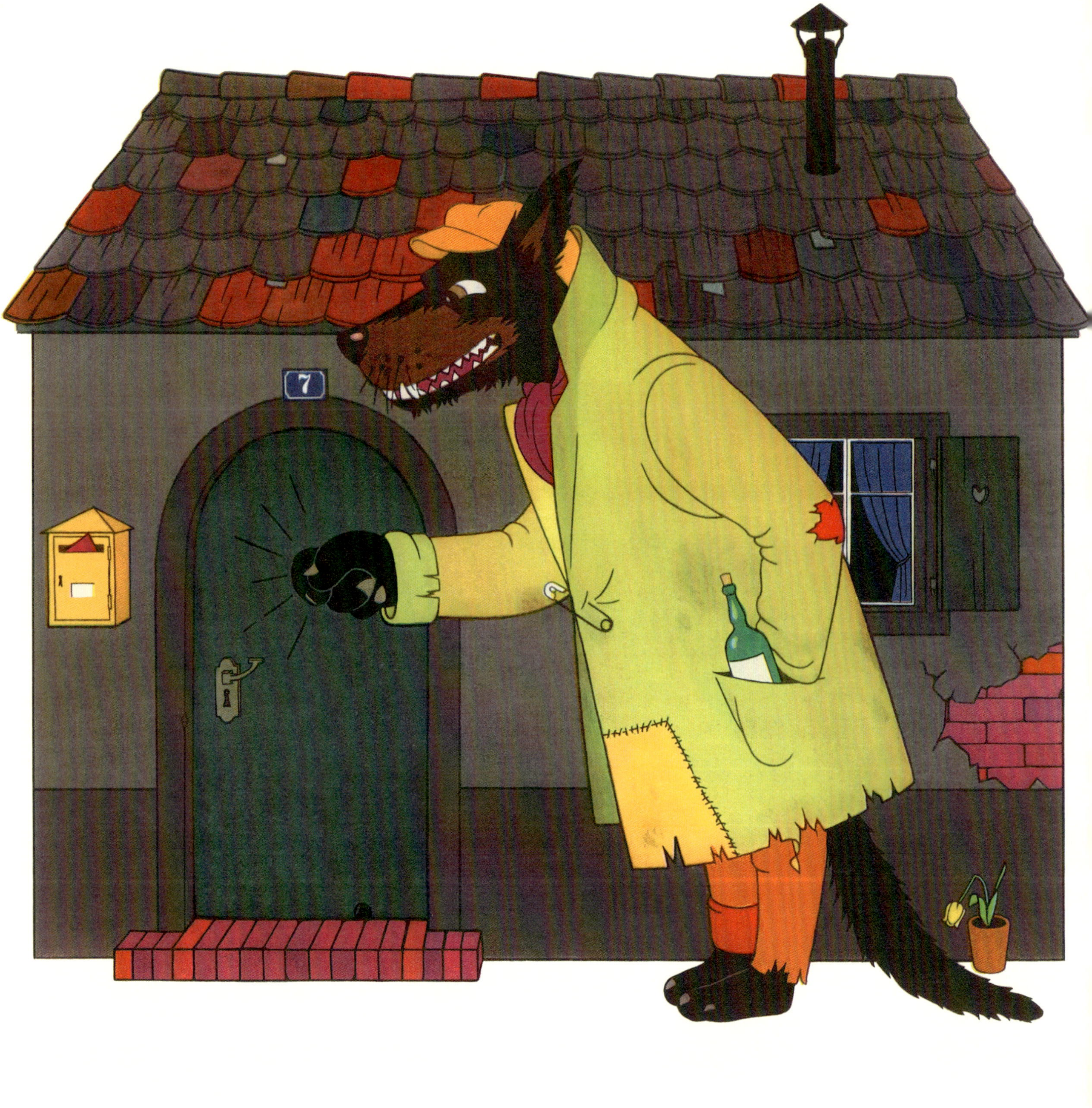
7

Es dauerte nicht lange, da klopfte jemand an die Haustüre und rief: »Macht auf, ihr lieben Kinder, eure Mutter ist da und hat jedem von euch etwas mitgebracht!« Aber die Geißlein hörten an der rauen Stimme, dass es der Wolf war. »Wir machen nicht auf!«, riefen sie. »Du bist nicht unsere Mutter, die hat eine feine und liebliche Stimme, aber deine Stimme ist rau; du bist der Wolf!«

Da ging der Wolf fort zu einem Krämer und kaufte sich ein großes Stück Kreide; die aß er und machte damit seine Stimme fein. Dann kam er zurück, klopfte an die Haustüre und rief: »Macht auf, ihr lieben Kinder, eure Mutter ist da und hat jedem von euch etwas mitgebracht!« Aber der Wolf hatte seine schwarzen Pfoten in das Fenster gelegt, das sahen die Kinder und riefen: »Wir machen nicht auf, unsere Mutter hat keinen schwarzen Fuß wie du: Du bist der Wolf!«

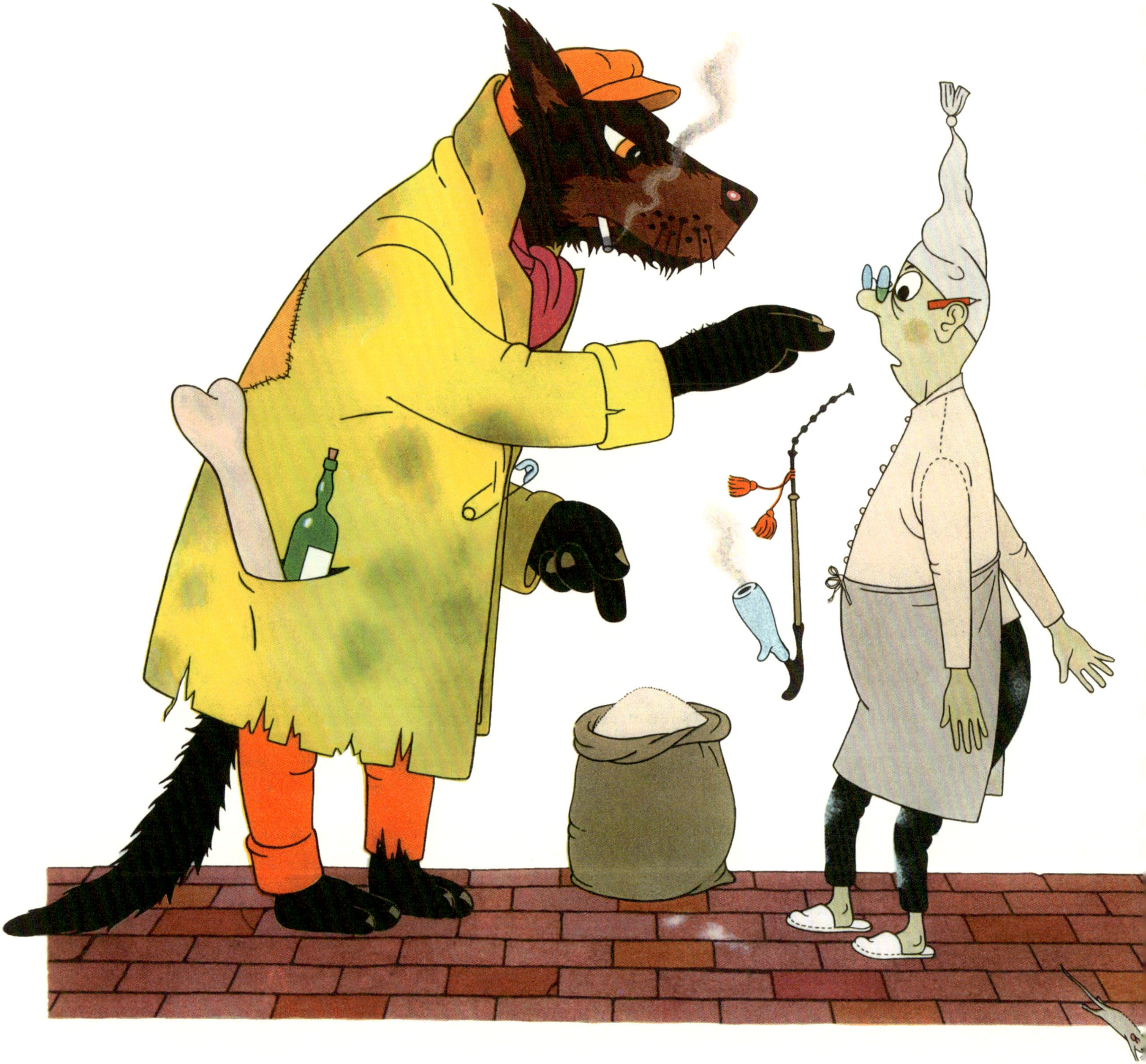

Da lief der Wolf zu einem Bäcker und sprach: »Ich habe mir den Fuß gestoßen, streich mir Teig darüber.« Und als ihm der Bäcker die Pfote bestrichen hatte, lief er zum Müller und sprach: »Streu mir weißes Mehl auf meine Pfote.« Der Müller dachte: »Der Wolf will einen betrügen«, und weigerte sich, aber der Wolf sprach: »Wenn du es nicht tust, so fresse ich dich.« Da fürchtete sich der Müller und machte ihm die Pfote weiß. Ja, das sind die Menschen.

Nun ging der Bösewicht zum dritten Mal zu der Haustüre, klopfte an und sprach: »Macht mir auf, Kinder, euer liebes Mütterchen ist heimgekommen und hat jedem von euch etwas aus dem Wald mitgebracht.« Die Geißlein riefen: »Zeig uns erst deine Pfote, damit wir wissen, dass du unser liebes Mütterchen bist!« Da legte er die Pfote ins Fenster, und als sie sahen, dass sie weiß war, glaubten sie, es wäre alles wahr, was er sagte, und machten die Türe auf. Wer aber hereinkam, das war der Wolf. Sie erschraken und wollten sich verstecken. Das eine sprang unter den Tisch, das zweite ins Bett, das dritte in den Ofen, das vierte in die Küche, das fünfte in den Schrank, das sechste unter die Waschschüssel, das siebte in den Kasten der Wanduhr.

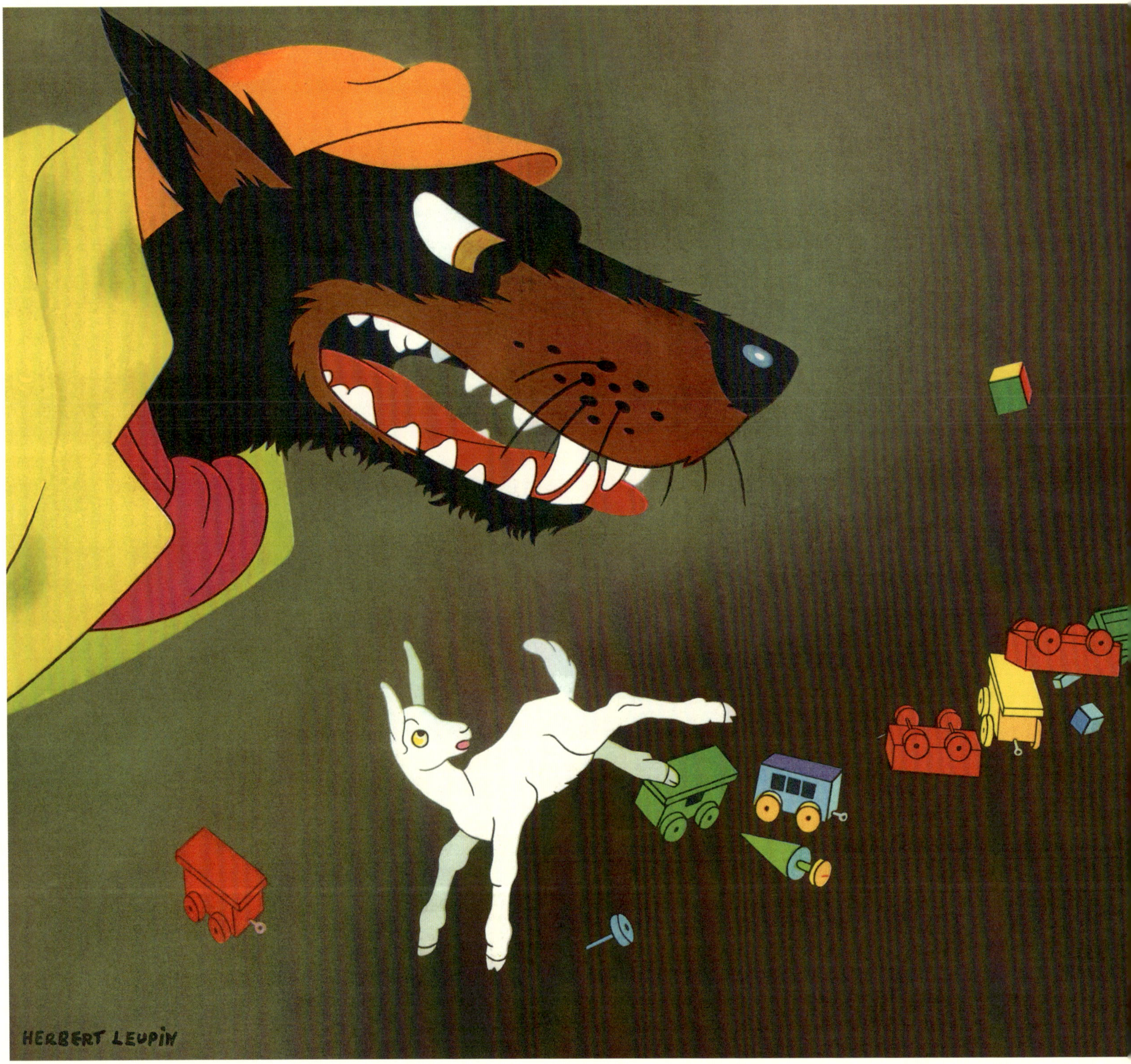
HERBERT LEUPIN

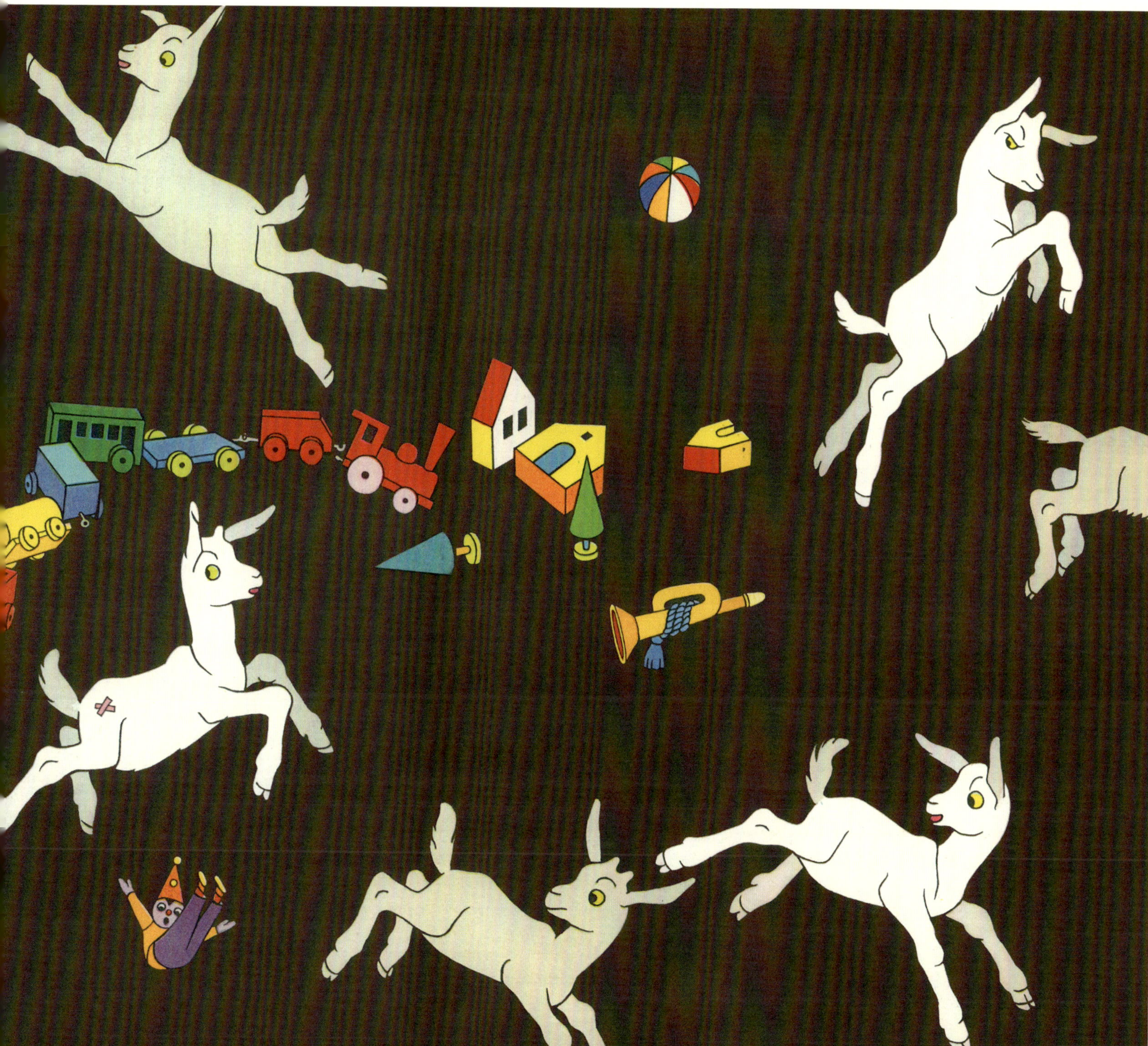

Aber der Wolf fand sie alle und machte nicht langes Federlesen; eins nach dem andern schluckte er in seinen Rachen; nur das jüngste in dem Uhrkasten, das fand er nicht. Als der Wolf genug hatte, trollte er sich fort, legte sich draußen auf der grünen Wiese unter einen Baum und fing an zu schlafen.

Nicht lange danach kam die alte Geiß aus dem Wald wieder heim. Ach, was musste sie da erblicken! Die Haustüre stand sperrangelweit auf: Tisch, Stühle und Bänke waren umgeworfen, die Waschschüssel lag in Scherben, Decke und Kissen waren aus dem Bett gezogen. Die Geiß suchte ihre Kinder, aber nirgends waren sie zu finden. Sie rief sie nacheinander beim Namen, aber niemand antwortete.

Endlich, als sie zum jüngsten kam, da rief eine feine Stimme: »Liebe Mutter, ich stecke im Uhrkasten!« Sie holte es heraus, und es erzählte ihr, dass der Wolf gekommen wäre und die andern alle gefressen hätte. Da könnt ihr denken, wie sie um ihre armen Kinder geweint hat.

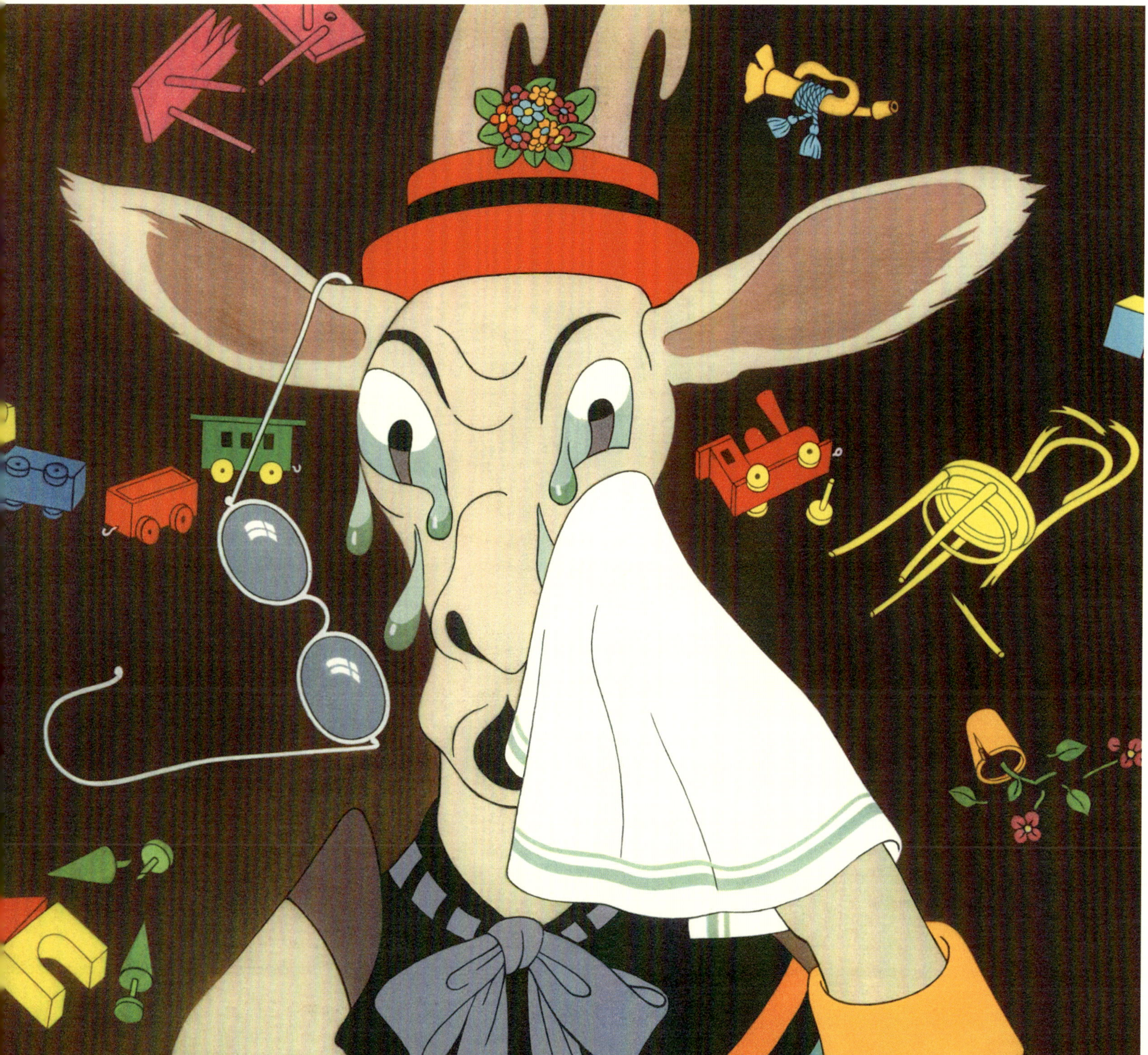

Schließlich ging sie in ihrem Jammer hinaus, und das jüngste Geißlein lief mit. Als sie auf die Wiese kam, so lag da der Wolf unter dem Baum und schnarchte, dass die Äste zitterten. Sie betrachtete ihn von allen Seiten und sah, dass in seinem gefüllten Bauch sich etwas regte und zappelte. »Ach Gott«, dachte sie, »sollten meine armen Kinder, die er zum Abendbrot hinuntergewürgt hat, noch am Leben sein?«

Da musste das Geißlein nach Hause laufen und Schere, Nadel und Zwirn holen. Dann schnitt die Mutter dem Ungetüm den Bauch auf, und kaum hatte sie einen Schnitt getan, so streckte schon ein Geißlein den Kopf heraus, und als sie weiterschnitt, sprangen nacheinander alle sechs heraus und waren noch alle am Leben und hatten nicht einmal Schaden erlitten, denn das Ungetüm hatte sie in der Gier ganz hinuntergeschluckt. Das war eine Freude! Da herzten sie ihre liebe Mutter und hüpften wie ein Schneider, der Hochzeit hält. Die Alte aber sagte: »Jetzt geht und sucht Wackersteine, damit wollen wir dem gottlosen Tier den Bauch füllen, solange es noch schläft.« Da schleppten die sieben Geißlein in aller Eile die Steine herbei und steckten sie dem Wolf in den Bauch, so viel, wie Platz hatten. Dann nähte ihn die Alte in aller Geschwindigkeit wieder zu, dass er nichts merkte und sich nicht einmal regte.

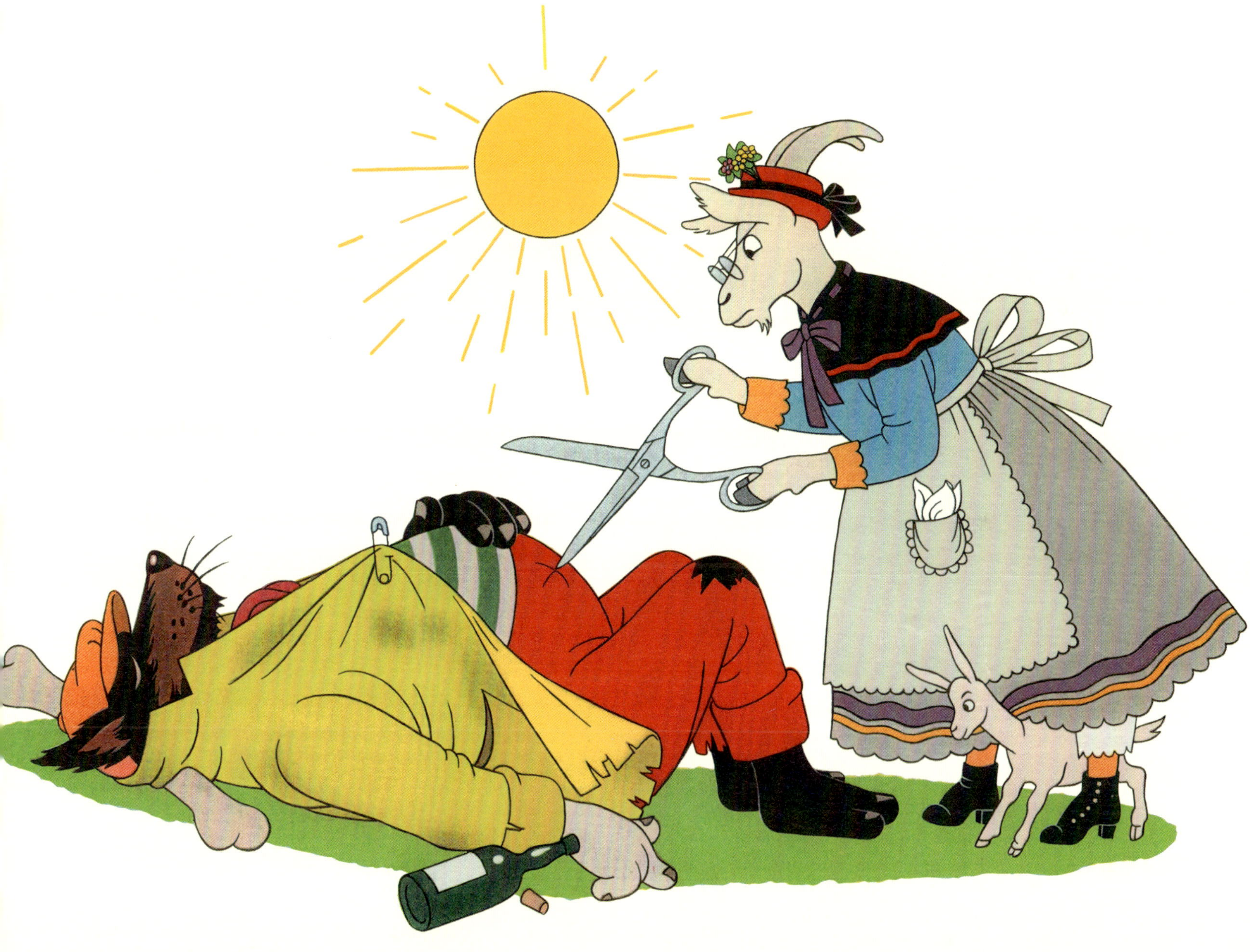

Als der Wolf endlich ausgeschlafen hatte, machte er sich auf die Beine, und weil ihm die Steine im Magen so großen Durst erregten, wollte er zu einem Brunnen gehen und trinken. Als er aber anfing zu gehen und sich hin und her zu bewegen, stießen die Steine in seinem Bauch aneinander und rappelten. Da rief er:

»Was rumpelt und pumpelt
in meinem Bauch herum?
Ich meinte, es wären sechs Geißlein,
so sind's lauter Wackerstein'.«

Und als er an den Brunnen kam und sich über das Wasser bückte und trinken wollte, da zogen ihn die schweren Steine hinein, und er musste jämmerlich ersaufen. Als die sieben Geißlein das sahen, kamen sie herbeigelaufen und riefen laut: »Der Wolf ist tot! Der Wolf ist tot!«, und tanzten mit ihrer Mutter vor Freude um den Brunnen herum.

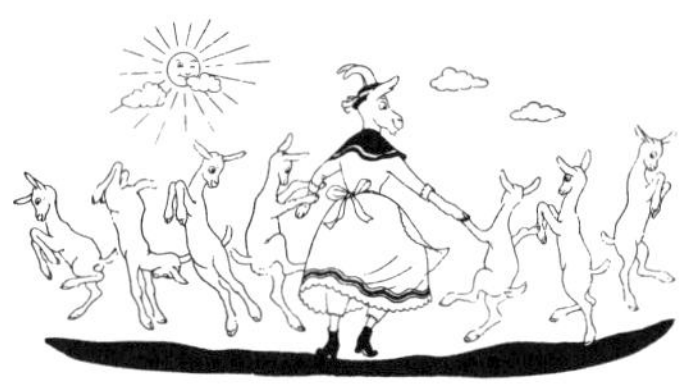

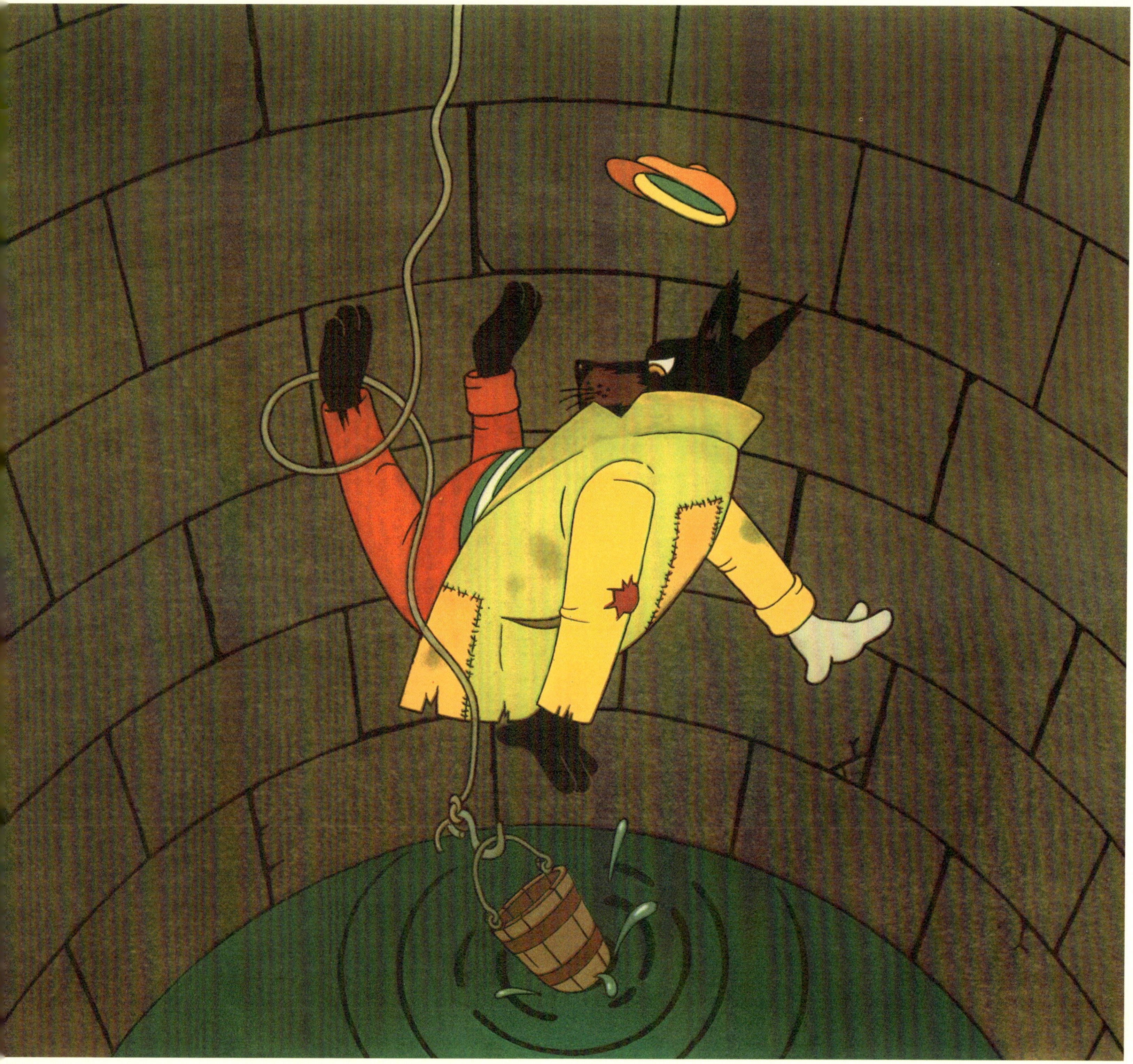

DORNRÖSCHEN

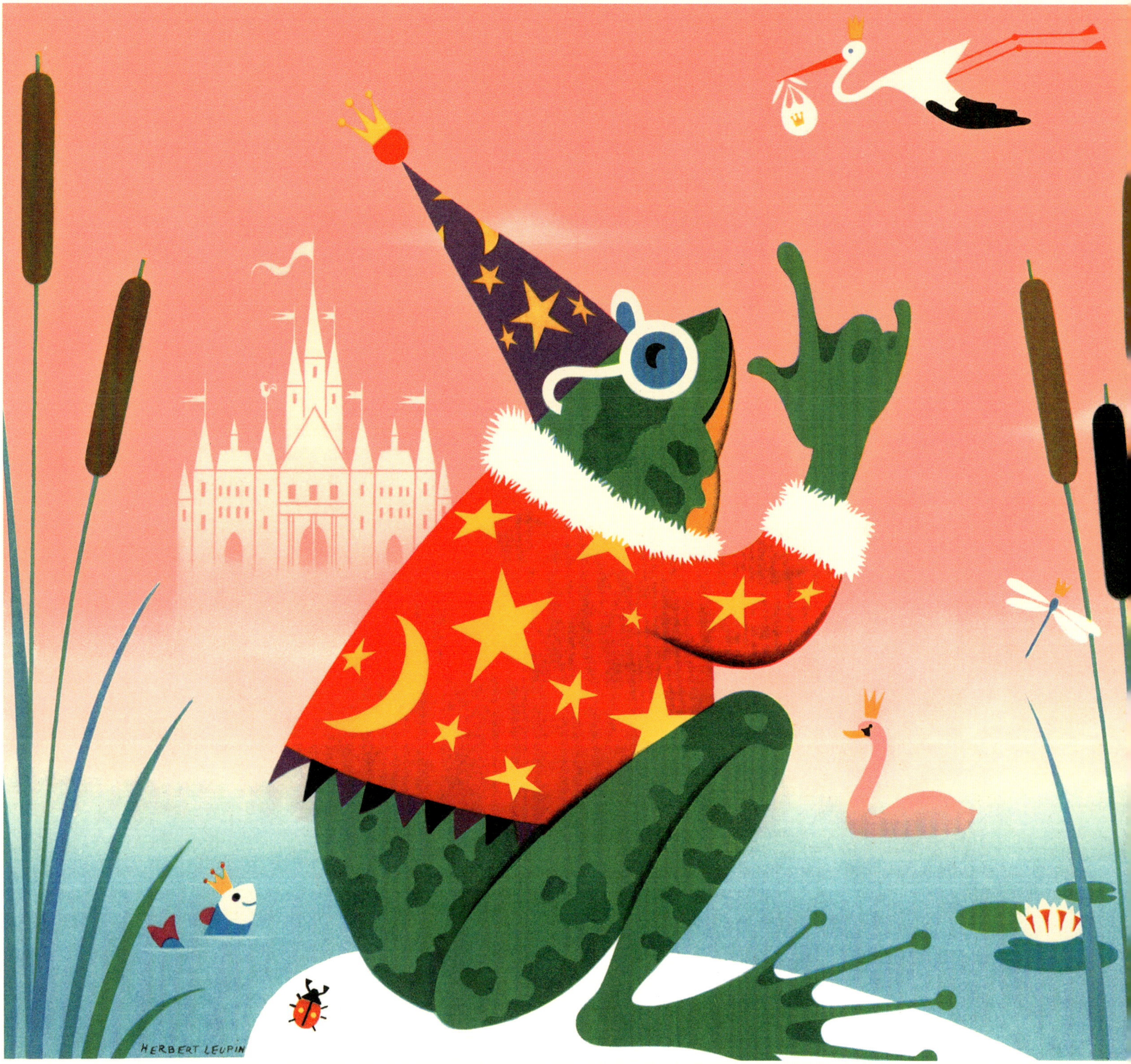
HERBERT LEUPIN

Vor langer Zeit lebten ein König und eine Königin, die sagten jeden Tag: »Ach, wenn wir doch ein Kind hätten!«, und kriegten immer keins. Da trug es sich zu, als die Königin einmal im Bad saß, dass ein Frosch aus dem Wasser an Land kroch und zu ihr sprach: »Dein Wunsch wird erfüllt werden; ehe ein Jahr vergeht, wirst du eine Tochter zur Welt bringen.« Was der Frosch gesagt hatte, das geschah, und die Königin gebar ein Mädchen, das war so schön, dass der König sich vor Freude nicht einkriegen konnte und ein großes Fest veranstaltete. Er lud nicht bloß seine Verwandten, Freunde und Bekannten, sondern auch die weisen Frauen dazu ein, damit sie dem Kind hold und gewogen wären. Es waren ihrer dreizehn in seinem Reich, weil er aber nur zwölf goldene Teller hatte, von welchen sie essen sollten, so musste eine von ihnen daheimbleiben.

Das Fest wurde mit aller Pracht gefeiert, und als es zu Ende war, beschenkten die weisen Frauen das Kind mit ihren Wundergaben: die eine mit Tugend, die andere mit Schönheit, die dritte mit Reichtum und so mit allem, was auf der Welt zu wünschen ist. Als elf ihre Sprüche eben getan hatten, trat plötzlich die dreizehnte herein.

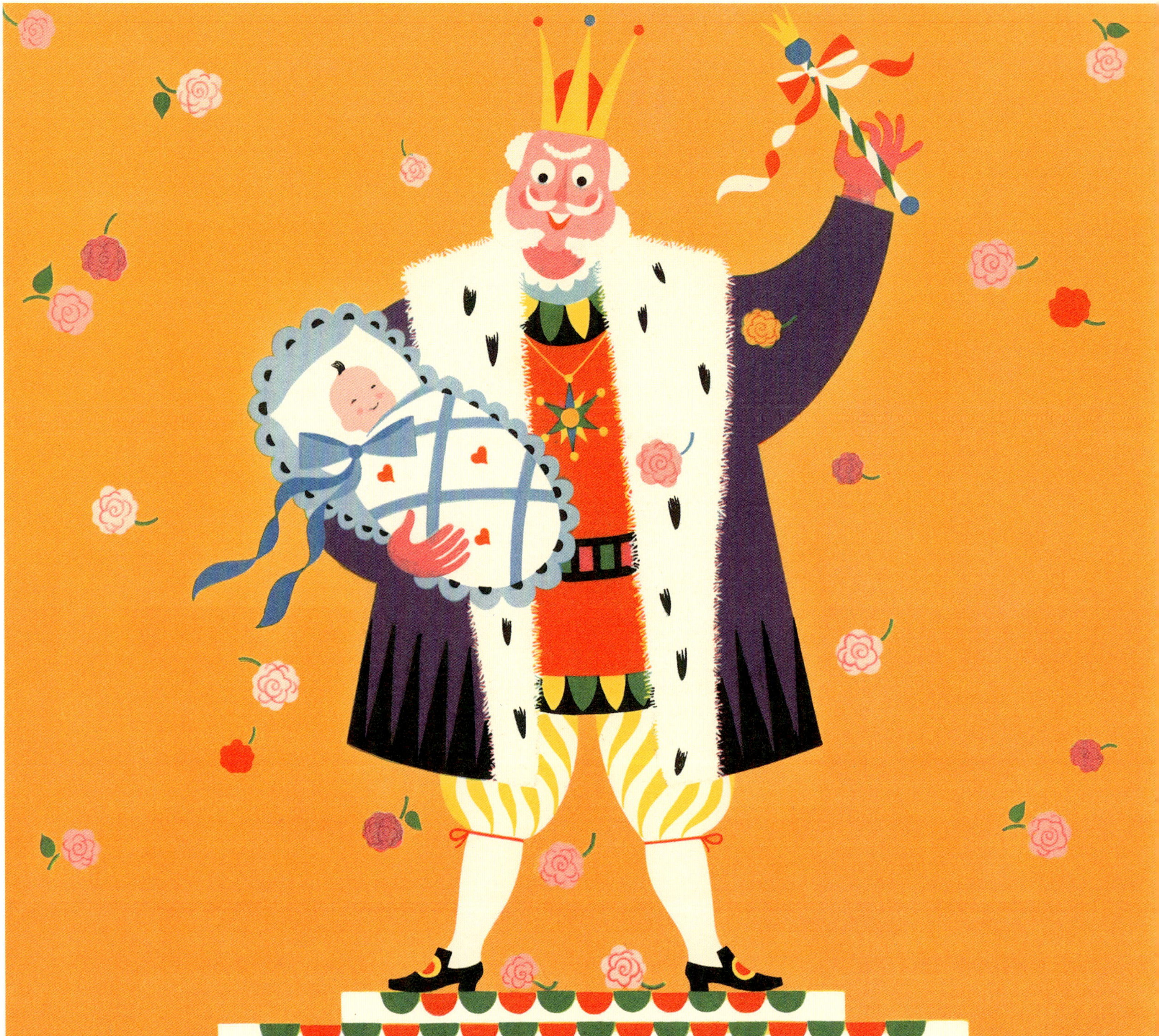
HERBERT

Sie wollte sich dafür rächen, dass sie nicht eingeladen war, und ohne jemanden zu grüßen oder nur anzusehen, rief sie mit lauter Stimme: »Die Königstochter soll sich in ihrem fünfzehnten Jahr an einer Spindel stechen und tot hinfallen!« Und ohne ein weiteres Wort zu sprechen, drehte sie sich um und verließ den Saal. Alle waren erschrocken, da trat die zwölfte vor, die ihren Wunsch noch übrig hatte, und weil sie den bösen Spruch nicht aufheben, sondern ihn nur mildern konnte, sagte sie: »Es soll aber kein Tod sein, sondern ein hundertjähriger tiefer Schlaf, in welchen die Königstochter fällt.«

Der König, der sein liebes Kind vor dem Unglück gern bewahren wollte, ließ den Befehl verkünden, dass alle Spindeln im ganzen Königreich verbrannt werden sollten. An dem Mädchen aber wurden die Gaben der weisen Frauen sämtlich erfüllt, denn es war so schön, sittsam, freundlich und verständig, dass es jedermann, der es ansah, lieb haben musste.

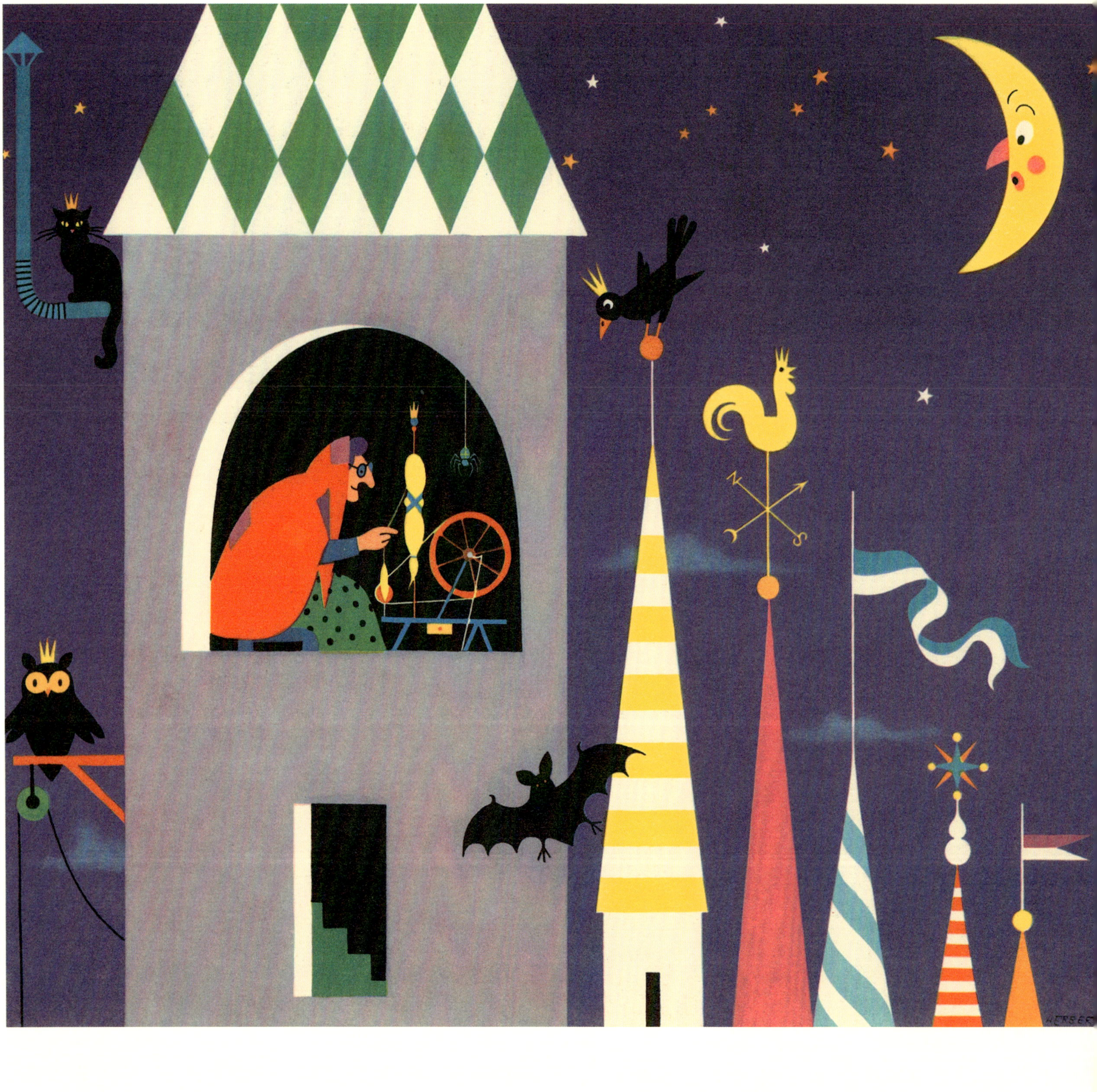

Es geschah, dass an dem Tag, an dem es gerade fünfzehn Jahre alt wurde, der König und die Königin nicht zu Hause waren und das Mädchen ganz allein im Schloss zurückblieb. Da ging es überall herum, besah Stuben und Kammern, wie es Lust hatte, und kam endlich auch an einen alten Turm. Es stieg die enge Wendeltreppe hinauf und gelangte zu einer kleinen Türe. In dem Schloss steckte ein verrosteter Schlüssel, und als es ihn umdrehte, sprang die Türe auf und da saß in einem kleinen Stübchen eine alte Frau mit einer Spindel und spann emsig ihren Flachs. »Guten Tag, du altes Mütterchen«, sprach die Königstochter, »was machst du da?« – »Ich spinne«, sagte die Alte und nickte mit dem Kopf. »Was ist das für ein Ding, das so lustig herumspringt?«, sprach das Mädchen, nahm die Spindel und wollte auch spinnen. Kaum hatte sie aber die Spindel angerührt, ging der Zauberspruch in Erfüllung, und sie stach sich damit in den Finger.

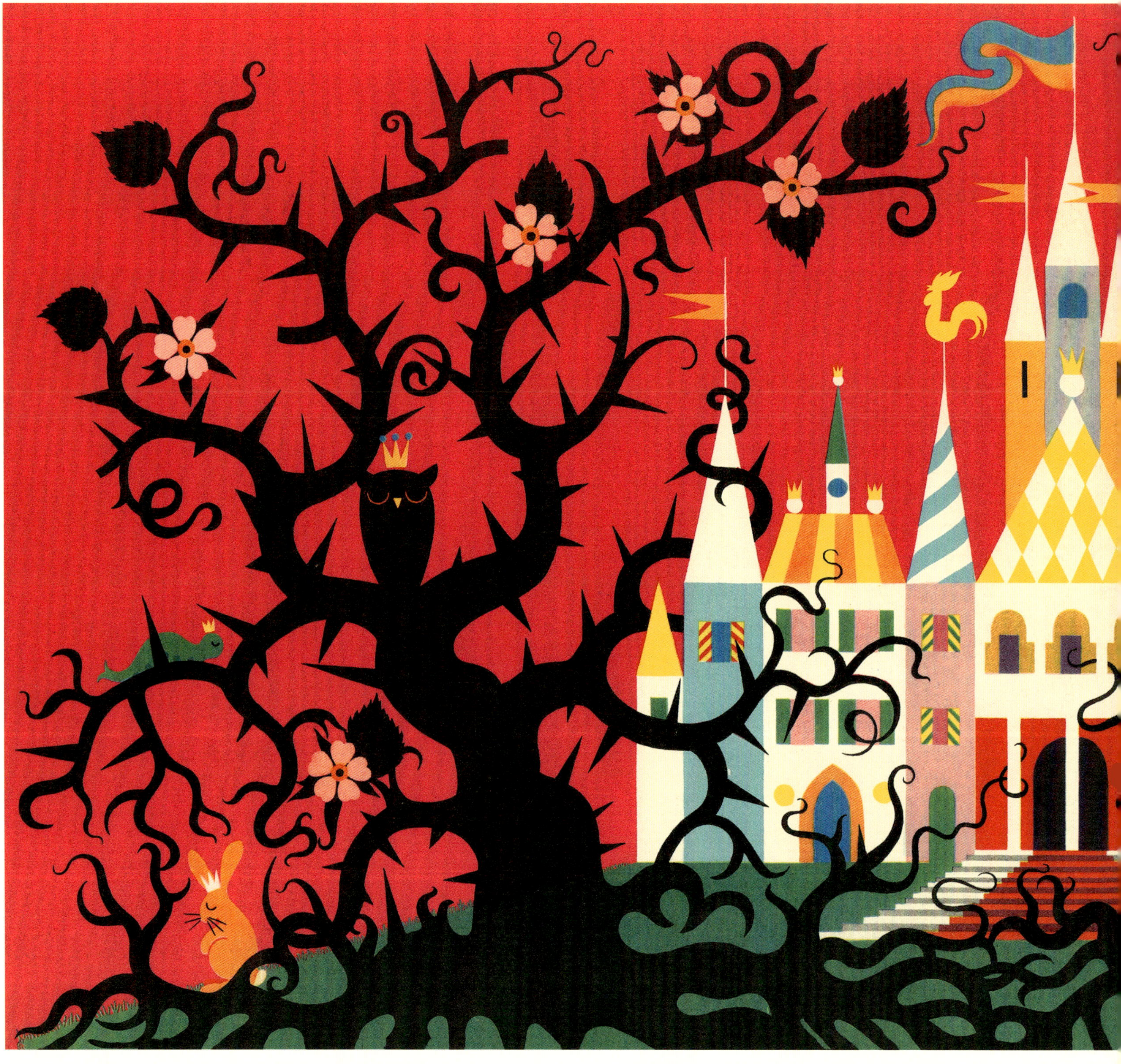

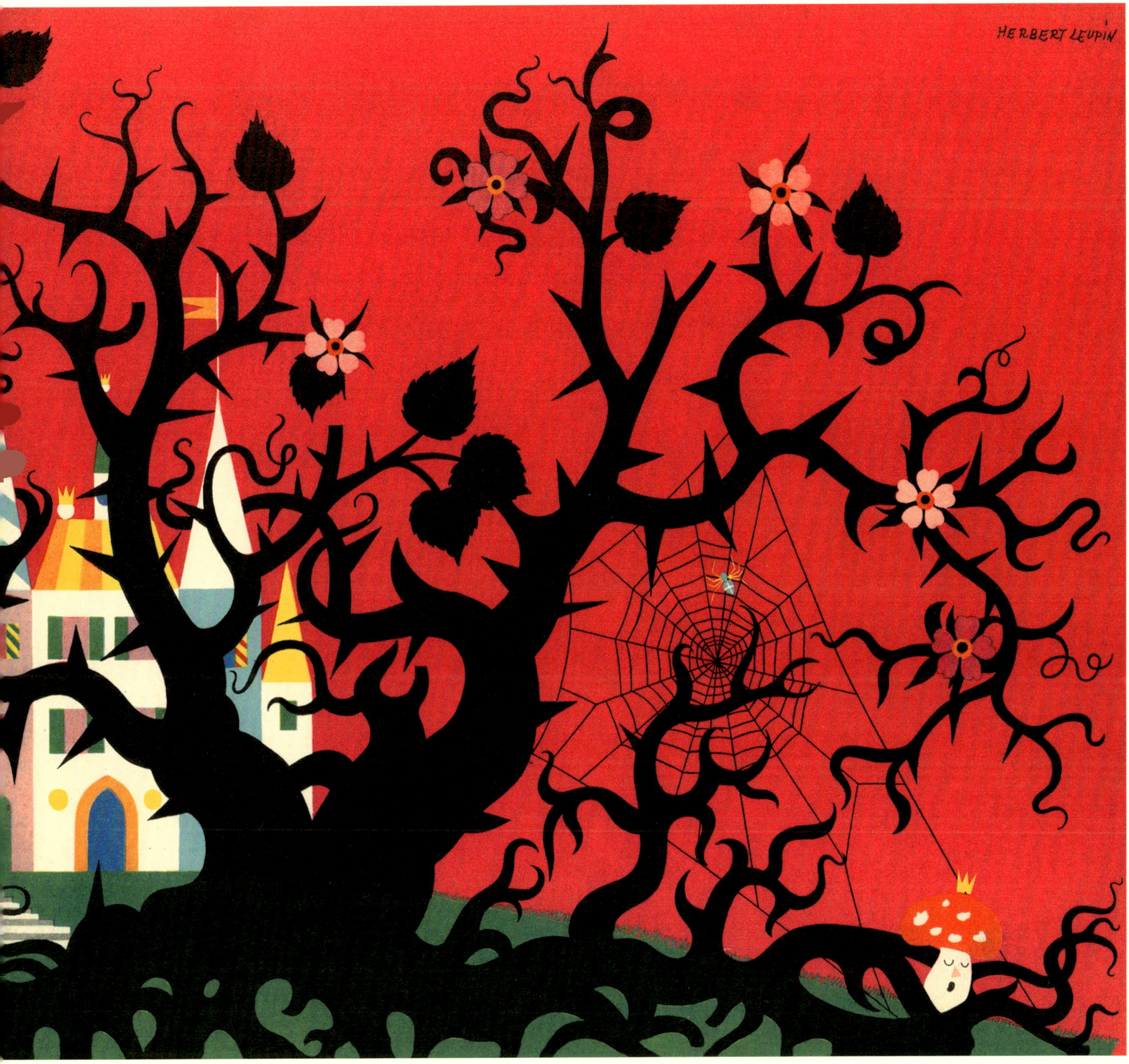
HERBERT LEUPIN

In dem Augenblick aber, wo sie den Stich empfand, fiel sie auf das Bett nieder, das da stand, und lag in einem tiefen Schlaf. Und dieser Schlaf verbreitete sich über das ganze Schloss: Der König und die Königin, die eben heimgekommen und in den Saal getreten waren, fingen an einzuschlafen und der ganze Hofstaat mit ihnen. Da schliefen auch die Pferde im Stall, die Hunde im Hof, die Tauben auf dem Dach, die Fliegen an der Wand, ja das Feuer, das auf dem Herd flackerte, wurde still und schlief ein, und der Braten hörte auf zu brutzeln, und der Koch, der den Küchenjungen, weil er etwas angestellt hatte, an den Haaren ziehen wollte, ließ ihn los und schlief. Und der Wind legte sich, und auf den Bäumen vor dem Schloss regte sich kein Blättchen mehr.

Rings um das Schloss aber begann eine Dornenhecke zu wachsen, die jedes Jahr höher wurde und schließlich das ganze Schloss umwucherte und darüber hinauswuchs, bis gar nichts mehr davon zu sehen war, selbst nicht die Fahne auf dem Dach. Es ging aber die Sage in dem Land um von dem schönen schlafenden Dornröschen, denn so wurde die Königstochter genannt, sodass von Zeit zu Zeit

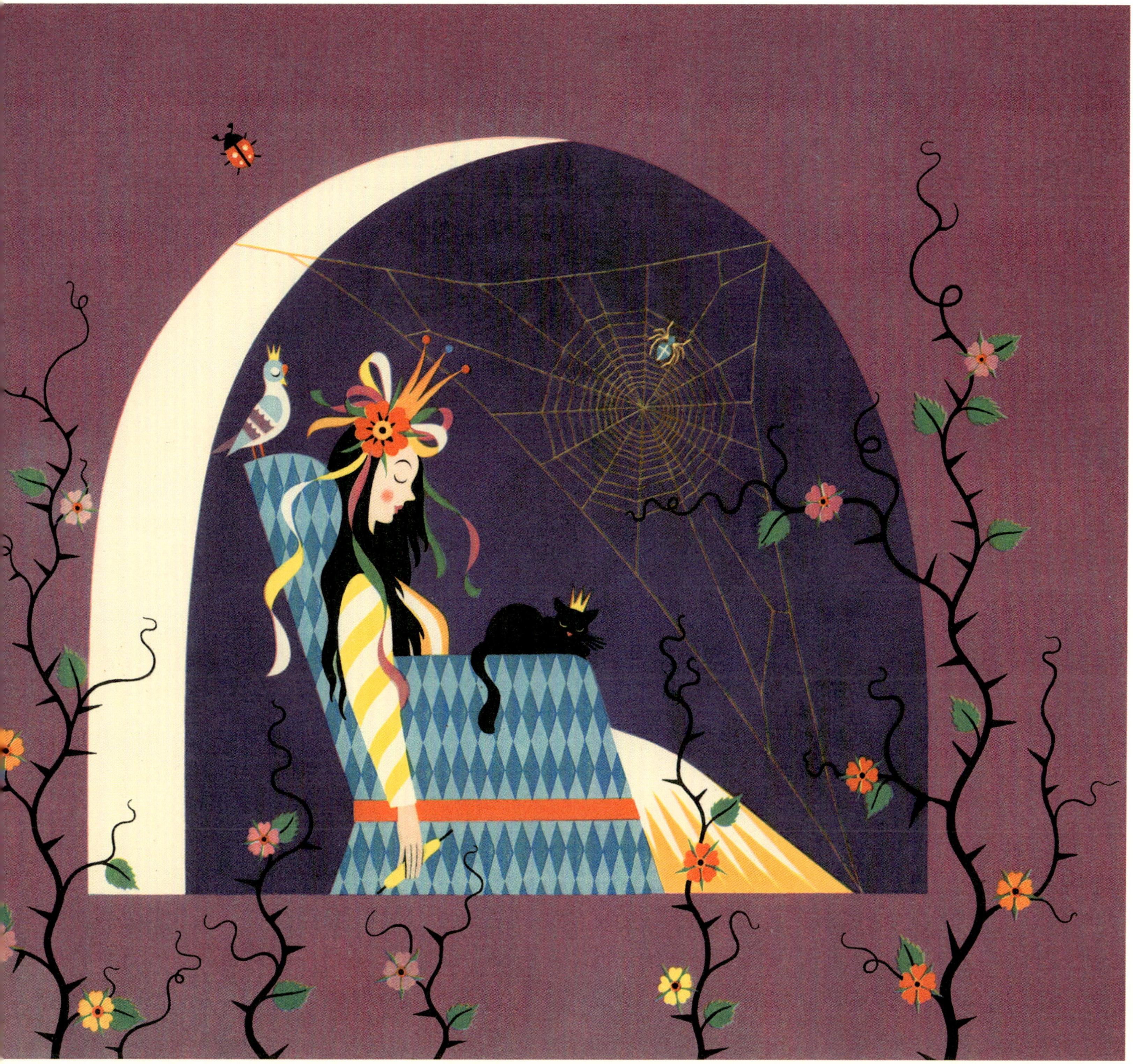

Königssöhne kamen und durch die Hecke in das Schloss dringen wollten. Es war ihnen aber nicht möglich, denn die Dornen, als hätten sie Hände, hielten fest zusammen, und die Jünglinge blieben darin hängen, konnten sich nicht wieder losmachen und starben eines jämmerlichen Todes.

Nach langen, langen Jahren kam wieder einmal ein Königssohn in das Land und hörte, wie ein alter Mann von der Dornenhecke erzählte, es sollte ein Schloss dahinter stehen, in welchem eine wunderschöne Königstochter, Dornröschen genannt, schon seit hundert Jahren schliefe, und mit ihr schliefen der König und die Königin und der ganze Hofstaat. Er wusste auch von seinem Großvater, dass schon viele Königssöhne gekommen wären und versucht hätten, durch die Dornenhecke zu dringen, aber sie wären darin hängen geblieben und eines traurigen Todes gestorben. Da sprach der Jüngling: »Ich fürchte mich nicht, ich will hinaus und das schöne Dornröschen sehen.« Der gute Alte mochte ihm abraten, wie er wollte, der Jüngling hörte nicht auf seine Worte.

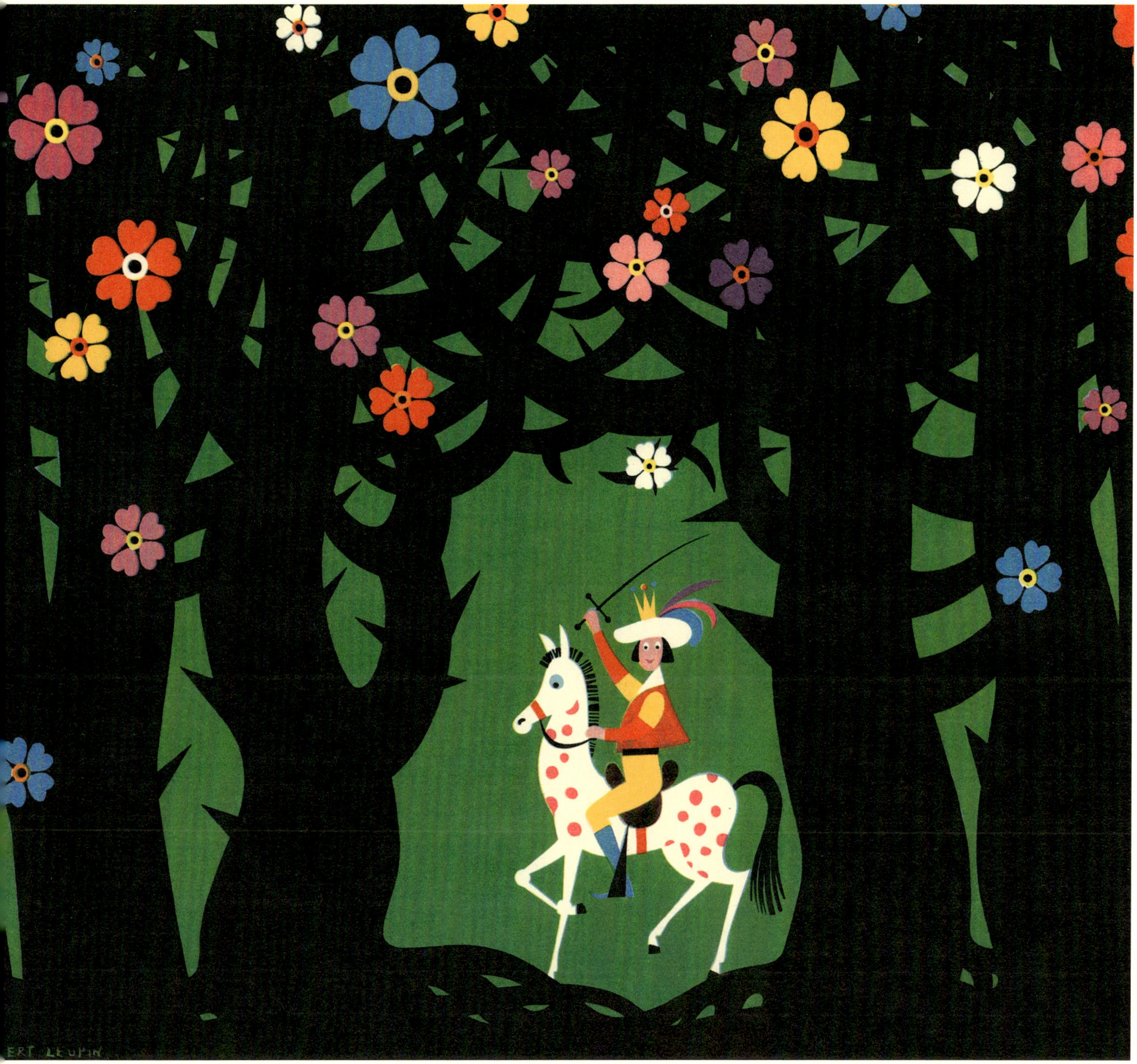
ERT LEUPIN

Nun waren aber gerade die hundert Jahre verflossen, und der Tag war gekommen, an dem Dornröschen wieder erwachen sollte. Als der Königssohn sich der Dornenhecke näherte, waren es lauter große, schöne Blumen, die taten sich von selbst auseinander und ließen ihn unbeschädigt hindurch, und hinter ihm taten sie sich wieder als eine Hecke zusammen. Im Schlosshof sah er die Pferde und die scheckigen Jagdhunde liegen und schlafen, auf dem Dach saßen die Tauben und hatten das Köpfchen unter den Flügel gesteckt. Und als er ins Haus kam, schliefen die Fliegen an der Wand, der Koch in der Küche hielt noch die Hand, als wollte er den Jungen packen, und die Magd saß vor dem schwarzen Huhn, das gerupft werden sollte. So ging er weiter und sah im Saal den ganzen Hofstaat liegen und schlafen, und oben bei dem Thron lagen der König und die Königin. Da ging er noch weiter, und alles war so still, dass man seinen Atem hören konnte, und endlich kam er zu dem Turm und öffnete die Türe zu der kleinen Stube, in welcher Dornröschen schlief. Da lag es und war so schön, dass er die Augen nicht abwenden konnte, und er bückte sich und gab ihm einen Kuss.

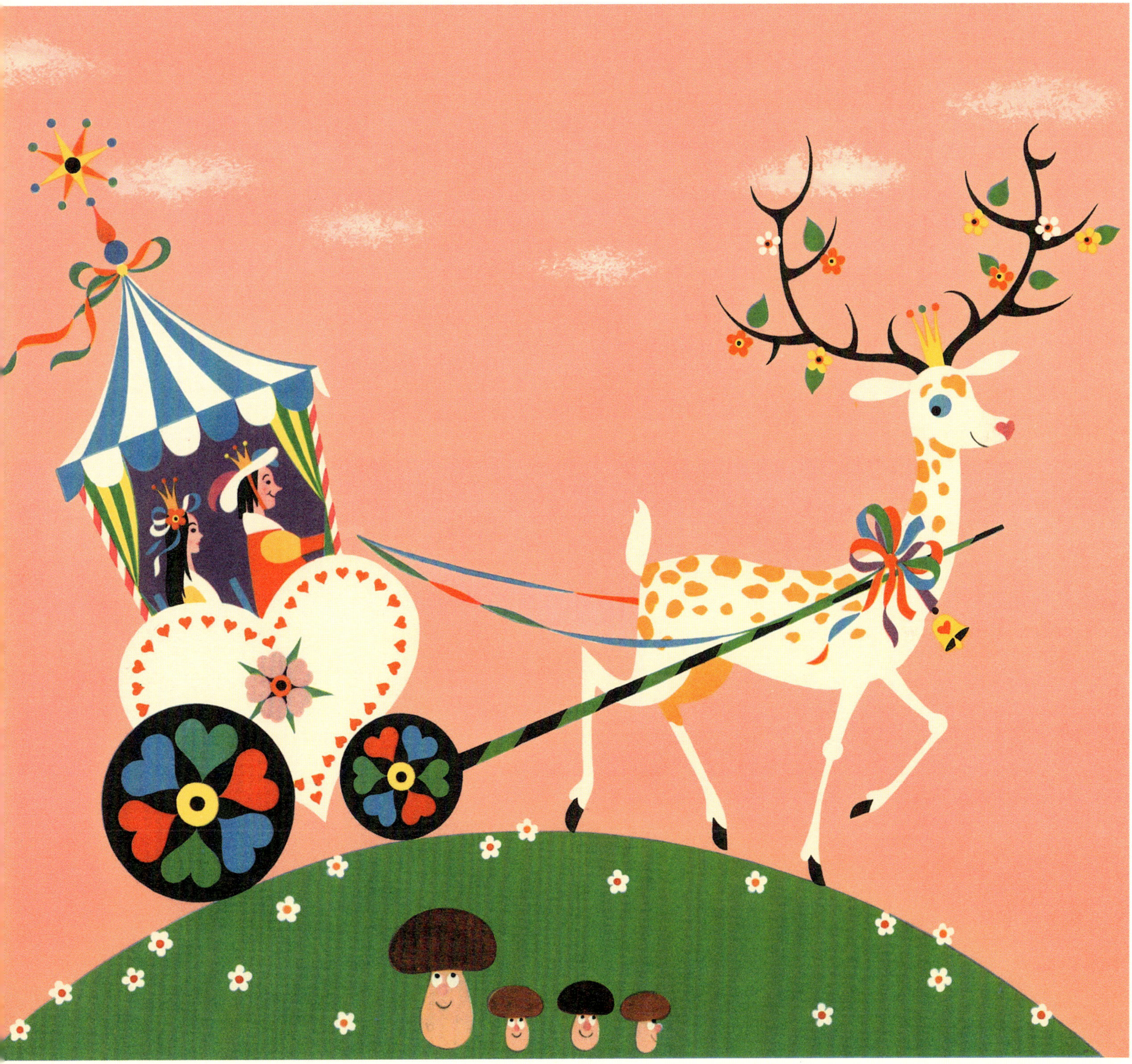

Wie er es mit dem Kuss berührt hatte, schlug Dornröschen die Augen auf, erwachte und blickte ihn ganz freundlich an. Da gingen sie zusammen hinab, und der König erwachte und die Königin und der ganze Hofstaat und sahen einander mit großen Augen an. Und die Pferde im Hof standen auf und schüttelten sich; die Jagdhunde sprangen und wedelten; die Tauben auf dem Dach zogen das Köpfchen unterm Flügel hervor, sahen umher und flogen ins Feld; die Fliegen an den Wänden krochen weiter; das Feuer in der Küche erhob sich, flackerte und kochte das Essen; der Braten fing wieder an zu brutzeln; und der Koch gab dem Jungen eine Ohrfeige, dass er schrie; und die Magd rupfte das Huhn fertig.

Und da wurde die Hochzeit des Königssohns mit Dornröschen in aller Pracht gefeiert, und sie lebten vergnügt bis an ihr Ende.

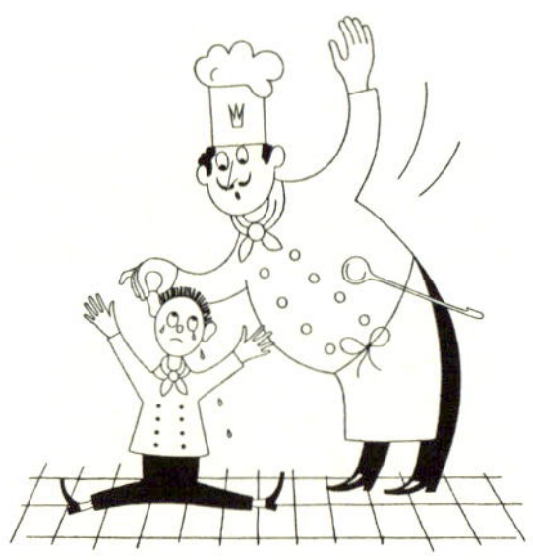

FRAU HOLLE

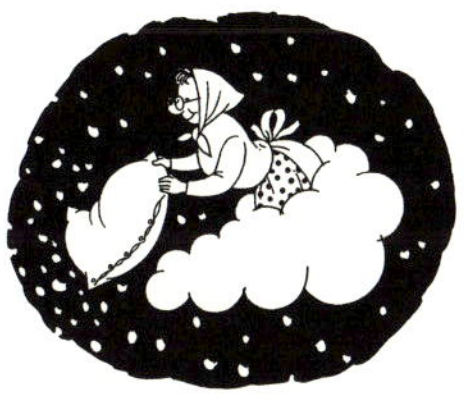

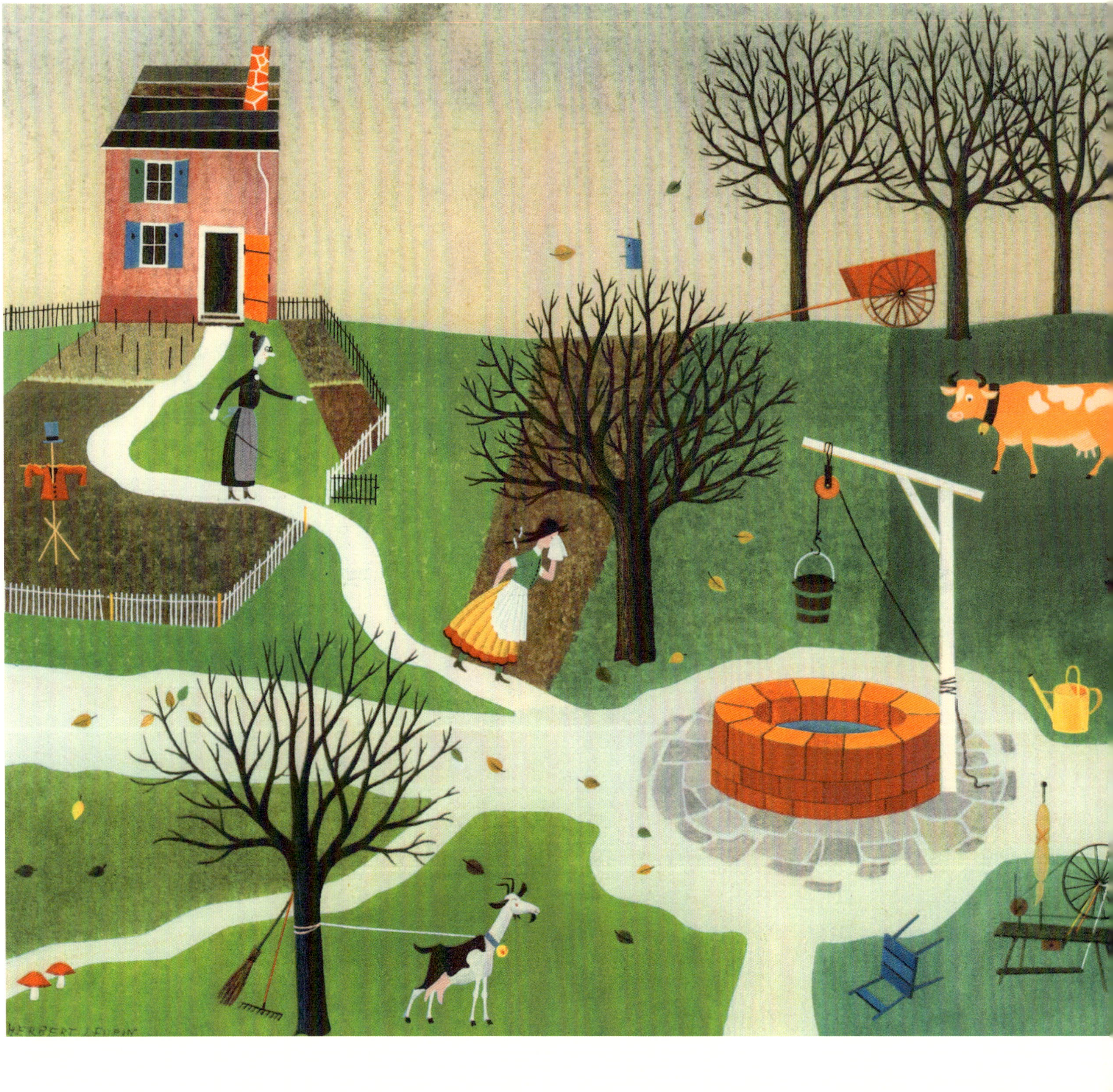
HERBERT LEUPIN

Eine Witwe hatte zwei Töchter, davon war die eine schön und fleißig, die andere hässlich und faul. Sie hatte aber die hässliche und faule, weil es ihre richtige Tochter war, viel lieber, und die andere musste alle Arbeit tun und das Aschenputtel im Haus sein. Das arme Mädchen musste sich täglich auf die große Straße bei einem Brunnen setzen und musste so viel spinnen, dass ihm das Blut aus den Fingern floss. Nun trug es sich zu, dass die Spule einmal ganz blutig war; da bückte es sich zum Brunnen hinunter und wollte die Spule abwaschen: Die Spule rutschte ihm aber aus der Hand und fiel hinab. Das Mädchen weinte, lief zur Stiefmutter und erzählte ihr von dem Unglück. Diese schimpfte aber so heftig mit ihr und war so unbarmherzig, dass sie sprach: »Hast du die Spule hinunterfallen lassen, so hol sie auch wieder herauf.«

Da ging das Mädchen zu dem Brunnen zurück und wusste nicht, was es anfangen sollte; und in seiner Herzensangst sprang es in den Brunnen hinein, um die Spule zu holen. Es verlor die Besinnung, und als es erwachte und wieder zu sich kam, war es auf einer schönen Wiese, wo die Sonne schien und viele tausend Blumen standen.

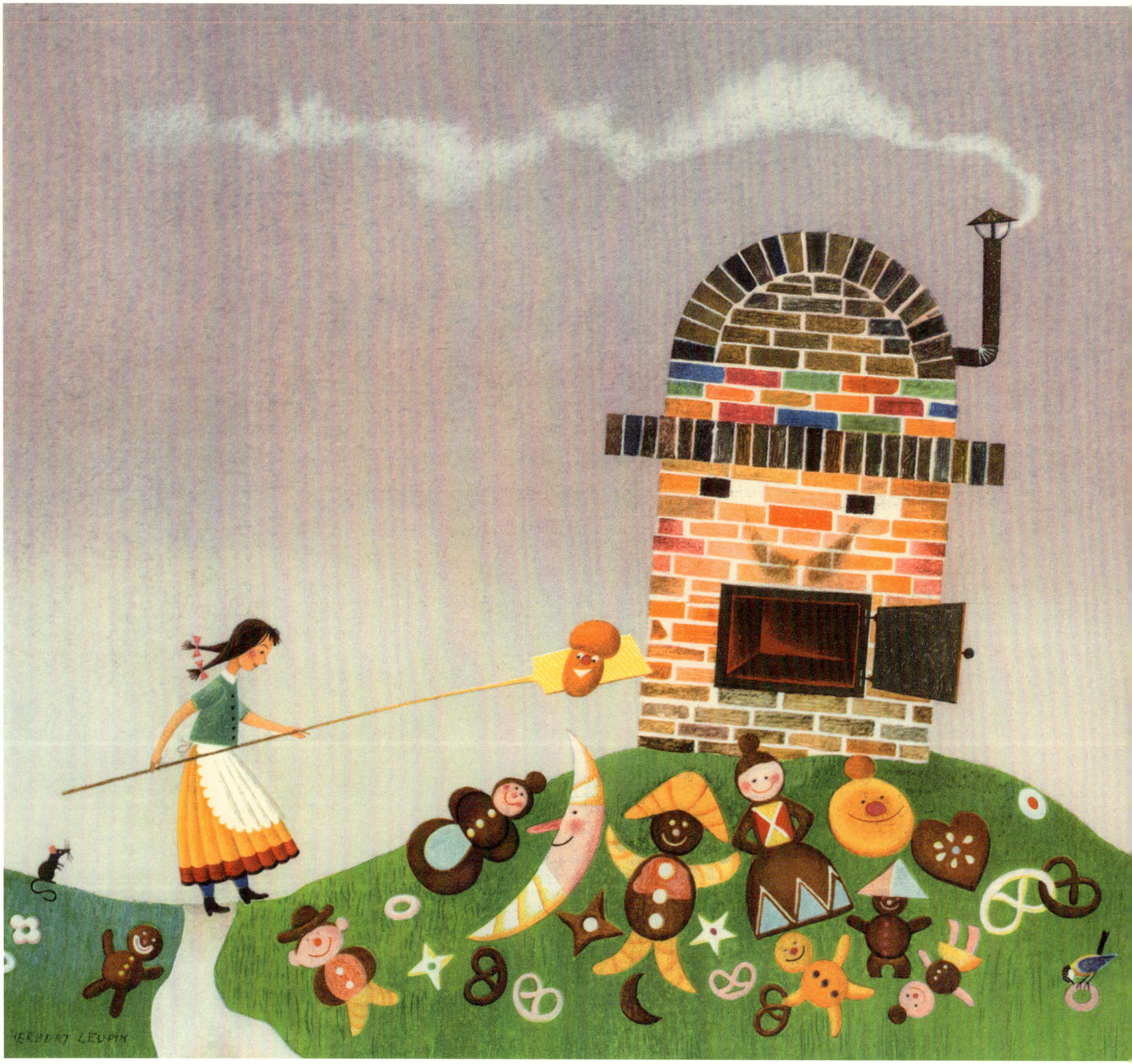
HERBERT LEUPIN

Auf dieser Wiese ging es weiter und kam zu einem Backofen, der war voller Brot; das Brot aber rief: »Ach, zieh mich raus, zieh mich raus, sonst verbrenn ich: Ich bin schon längst fertig gebacken!« Da trat das Mädchen hinzu und holte mit dem Brotschieber das Brot heraus. Danach ging es weiter und kam zu einem Baum, der hing voller Äpfel und er rief ihm zu: »Ach, schüttel mich, schüttel mich, wir Äpfel sind alle miteinander reif!« Da schüttelte es den Baum, dass die Äpfel fielen, als regneten sie, und schüttelte, bis keiner mehr oben war; und als es alle auf einen Haufen zusammengetragen hatte, ging es wieder weiter.

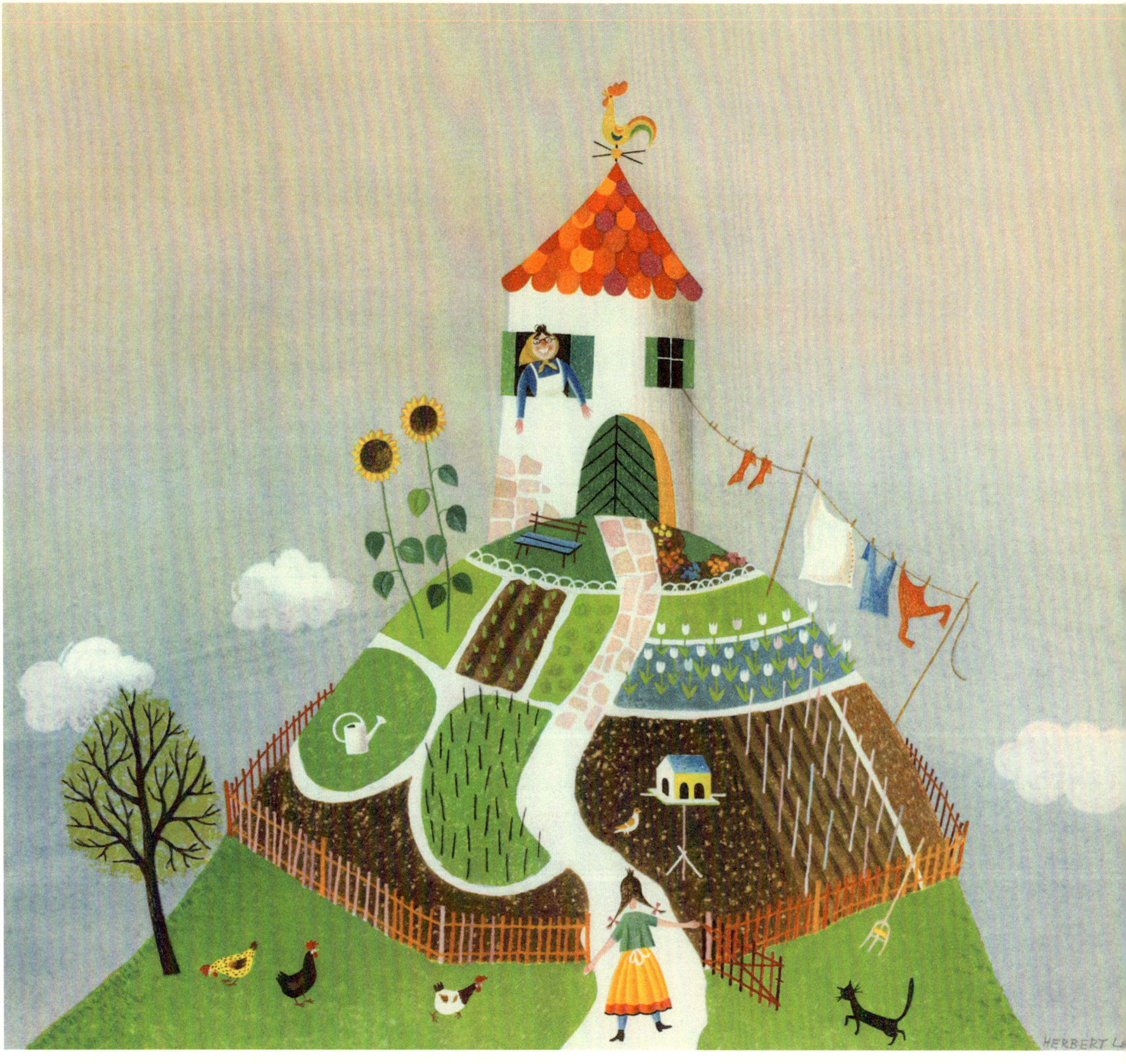
HERBERT L

Endlich kam das Mädchen zu einem kleinen Haus, daraus guckte eine alte Frau; weil sie aber so große Zähne hatte, fürchtete es sich und wollte weglaufen. Die alte Frau aber rief ihm nach: »Was fürchtest du dich, liebes Kind? Bleib bei mir; wenn du alle Arbeit im Haus ordentlich tun willst, dann soll es dir gut gehen. Du musst nur achtgeben, dass du mein Bett gut machst und es fleißig aufschüttelst, dass die Federn fliegen. Dann schneit es auf der Welt. Ich bin die Frau Holle.«

Weil die Alte ihm so gut zusprach, fasste sich das Mädchen ein Herz, willigte ein und begab sich in ihren Dienst. Es tat auch alles zu ihrer Zufriedenheit und schüttelte ihr das Bett immer gewaltig auf, dass die Federn wie Schneeflocken umherflogen; dafür hatte es auch ein gutes Leben bei ihr, kein böses Wort fiel und es hatte jeden Tag gutes Essen.

Nun war das Mädchen eine Zeit lang bei der Frau Holle, da wurde es traurig und wusste anfangs selbst nicht, was ihm fehlte; endlich merkte es, dass es Heimweh war; obwohl es ihm hier vieltausendmal besser ging als zu Hause, hatte es doch ein Verlangen danach. Endlich sagte es zu ihr: »Ich habe Heimweh gekriegt, und wenn es mir auch noch so gut hier unten geht, so kann ich doch nicht länger bleiben, ich muss wieder hinauf zu den Meinigen.«

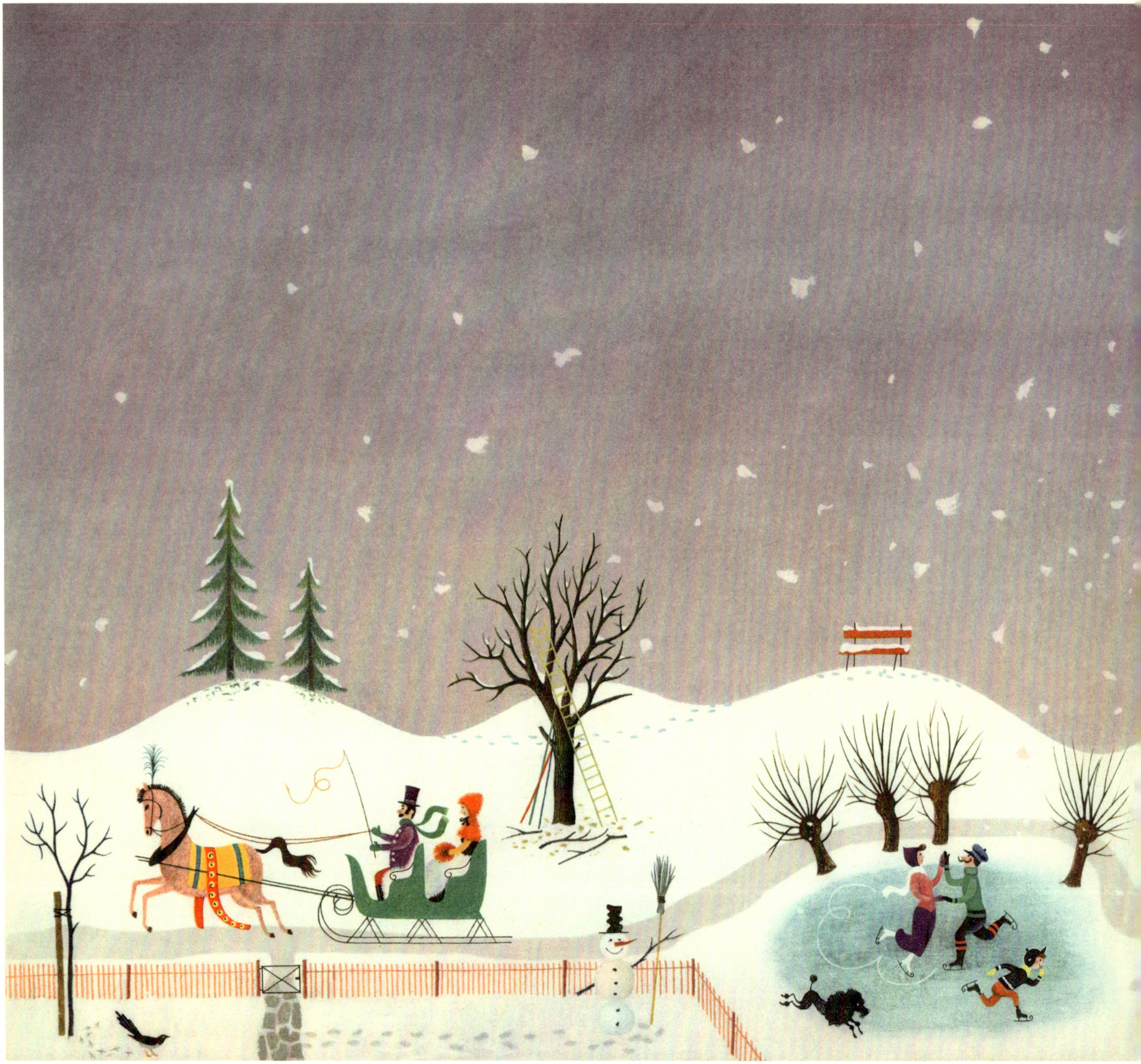

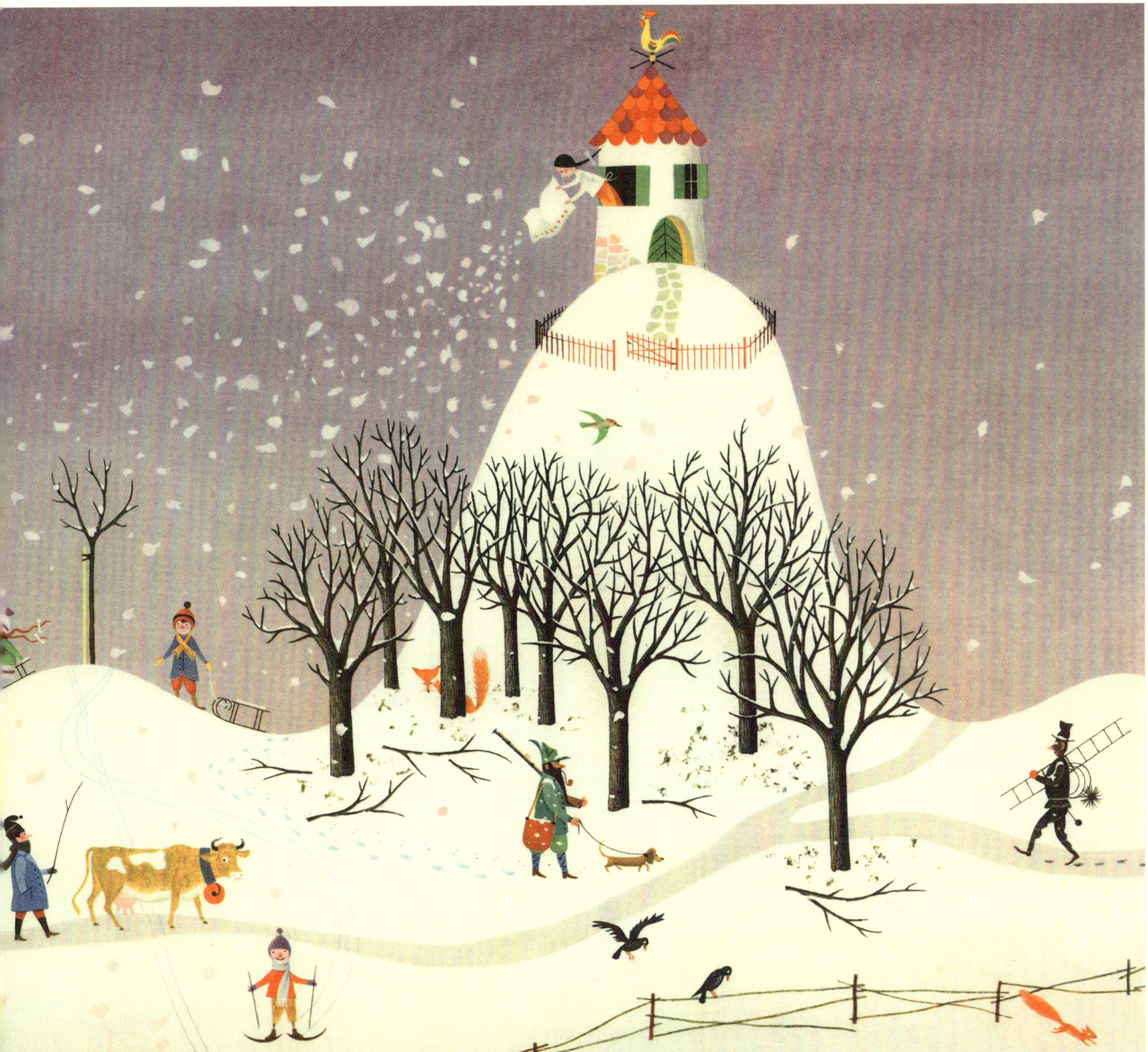
LEUPIN

Die Frau Holle sagte: »Es gefällt mir, dass du wieder zurückmöchtest, und weil du mir so treu gedient hast, will ich dich selbst wieder hinaufbringen.« Sie nahm das Mädchen darauf bei der Hand und führte es vor ein großes Tor. Das Tor ging auf, und als das Mädchen gerade darunterstand, fiel ein gewaltiger Goldregen, und alles Gold blieb an ihm hängen, sodass es über und über davon bedeckt war. »Das sollst du haben, weil du so fleißig gewesen bist«, sprach die Frau Holle und gab ihm auch die Spule wieder, die ihm in dcn Brunnen gefallen war. Darauf schloss sich das Tor, und das Mädchen befand sich oben auf der Welt, nicht weit von dem Haus seiner Mutter; und als es in den Hof kam, saß der Hahn auf dem Brunnen und rief:

»Kikeriki,
unsere goldene Jungfrau ist wieder hie!«

Da ging es hinein zu seiner Mutter, und weil es so mit Gold bedeckt ankam, wurde es von ihr und der Schwester gut aufgenommen.

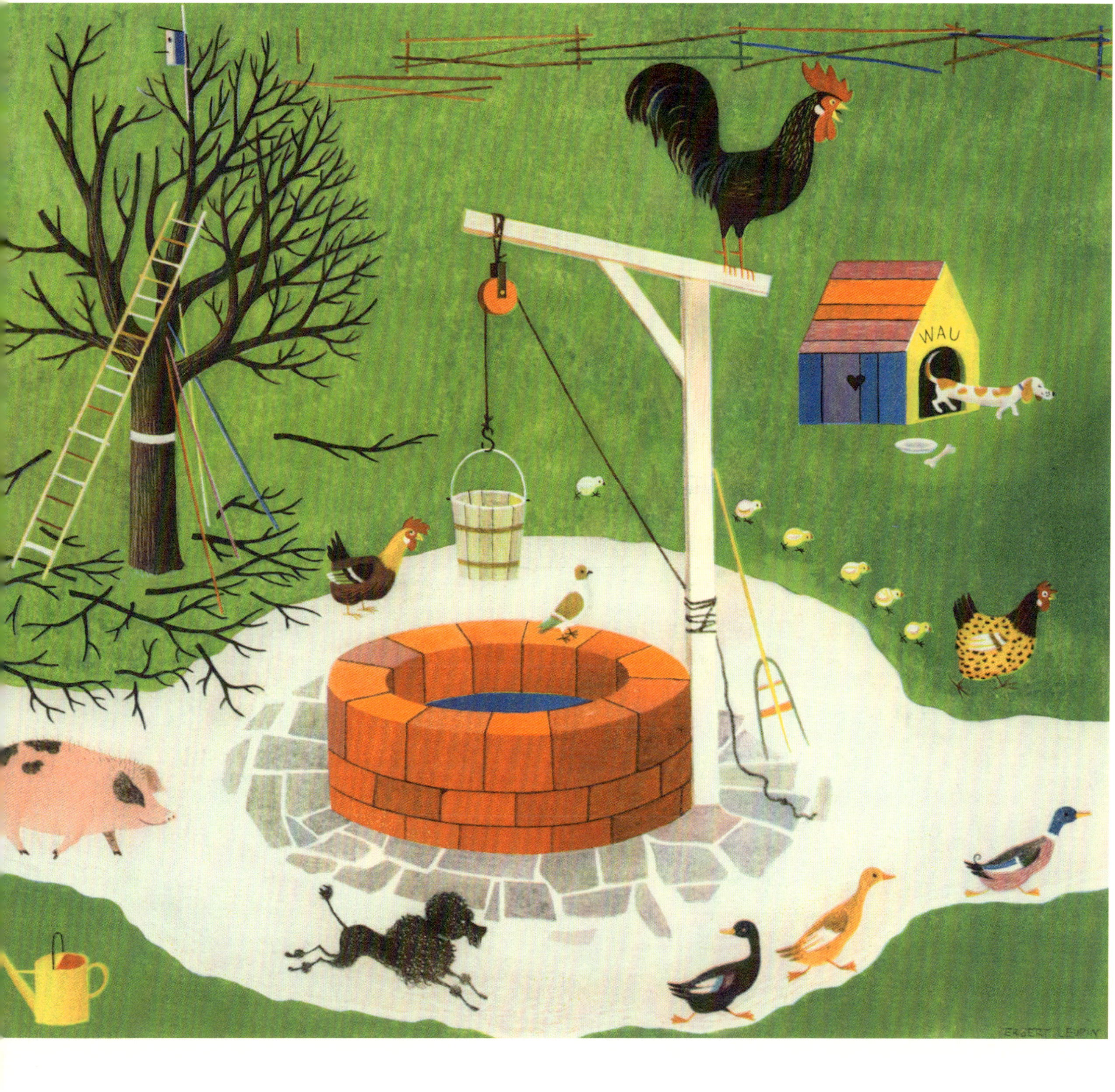
WAU

Das Mädchen erzählte alles, was ihm passiert war, und als die Mutter hörte, wie es zu dem großen Reichtum gekommen war, wollte sie der anderen, hässlichen und faulen Tochter gerne dasselbe Glück verschaffen. Sie musste sich an den Brunnen setzen und spinnen; und damit ihre Spule blutig wurde, stach sie sich in die Finger und stieß die Hand in die Dornenhecke. Dann warf sie die Spule in den Brunnen und sprang selber hinein.

Sie kam wie die andere auf die schöne Wiese und ging auf demselben Pfad weiter. Als sie zu dem Backofen gelangte, schrie das Brot wieder: »Ach, zieh mich raus, zieh mich raus, sonst verbrenn ich, ich bin schon längst fertig gebacken!« Die Faule aber antwortete: »Ich habe keine Lust, mich schmutzig zu machen«, und ging fort. Bald kam sie zu dem Apfelbaum, der rief: »Ach, schüttel mich, schüttel mich, wir Äpfel sind alle miteinander reif!« Sie antwortete aber: »Du kommst mir recht, es könnte mir einer auf den Kopf fallen«, und ging weiter.

Als sie vor das Haus der Frau Holle kam, fürchtete sie sich nicht, weil sie von ihren großen Zähnen schon gehört hatte, und ließ sich gleich bei ihr anstellen. Am ersten Tag gab sie sich Mühe, war fleißig und gehorchte der Frau Holle, wenn sie ihr etwas sagte, denn sie dachte an das viele Gold, das sie ihr schenken würde. Am zweiten

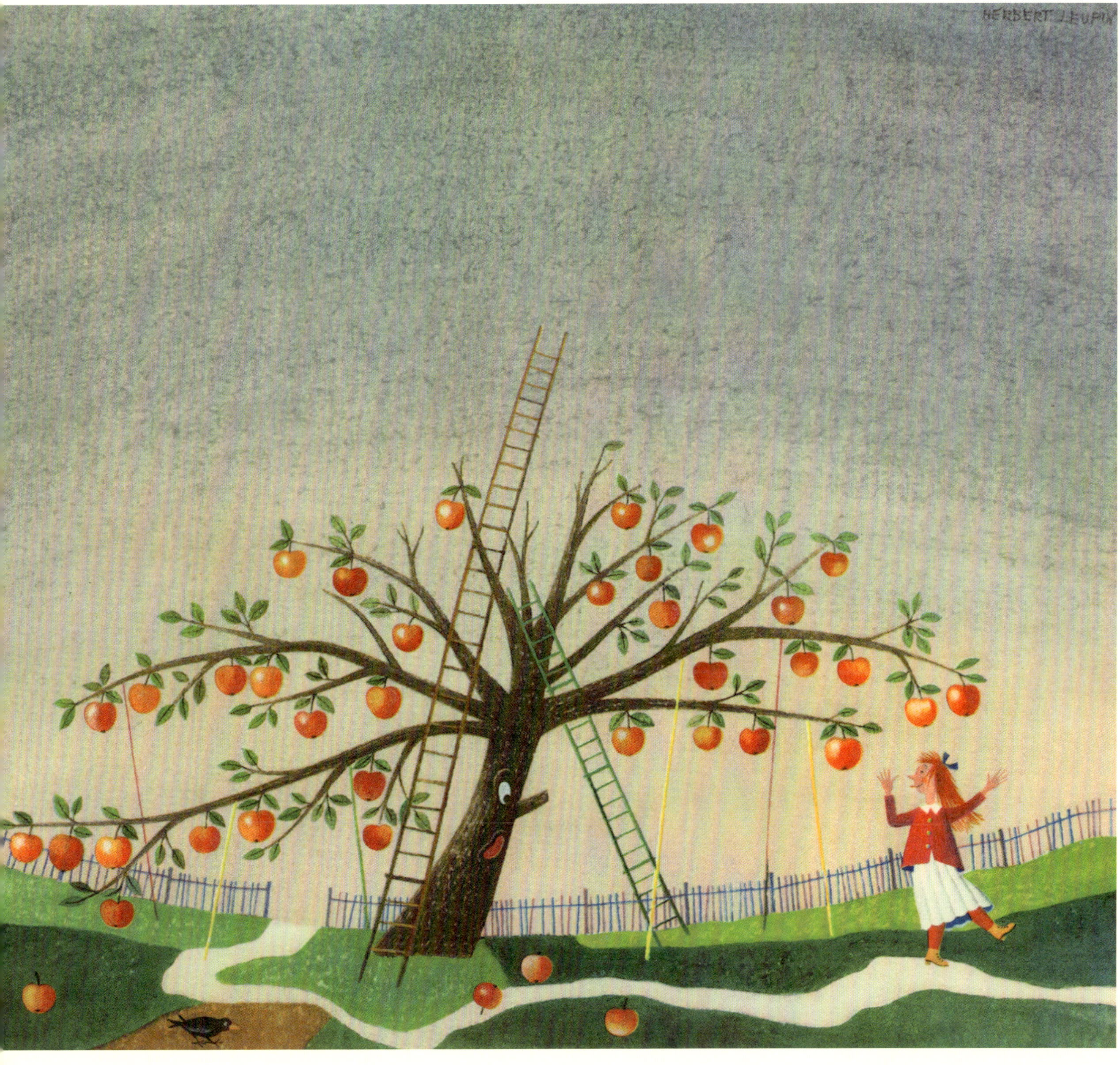
HERBERT LEUPIN

Tag aber fing sie schon an zu faulenzen, am dritten noch mehr, da wollte sie morgens gar nicht aufstehen. Sie machte auch der Frau Holle das Bett nicht, wie es sich gebührte, und schüttelte es nicht, dass die Federn aufflogen. Das wurde die Frau Holle bald müde und sie entließ sie aus dem Dienst. Der Faulen war das recht und sie meinte, nun würde der Goldregen kommen.

Die Frau Holle führte sie auch zu dem Tor, als sie aber darunterstand, wurde statt des Goldes ein großer Kessel voll Pech ausgeschüttet. »Das ist zur Belohnung für deine Dienste«, sagte die Frau Holle und schloss das Tor zu. So kam die Faule heim, aber sie war ganz mit Pech bedeckt, und der Hahn auf dem Brunnen, als er sie sah, rief:

»Kikeriki,
unsere schmutzige Jungfrau ist wieder hie!«

Das Pech aber blieb fest an ihr hängen und wollte, so lange sie lebte, nicht abgehen.

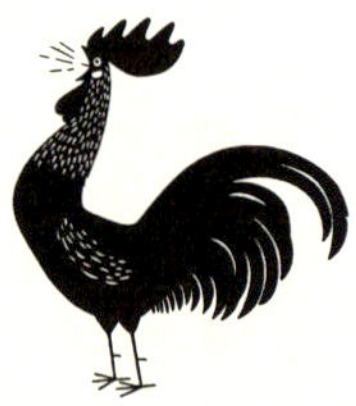

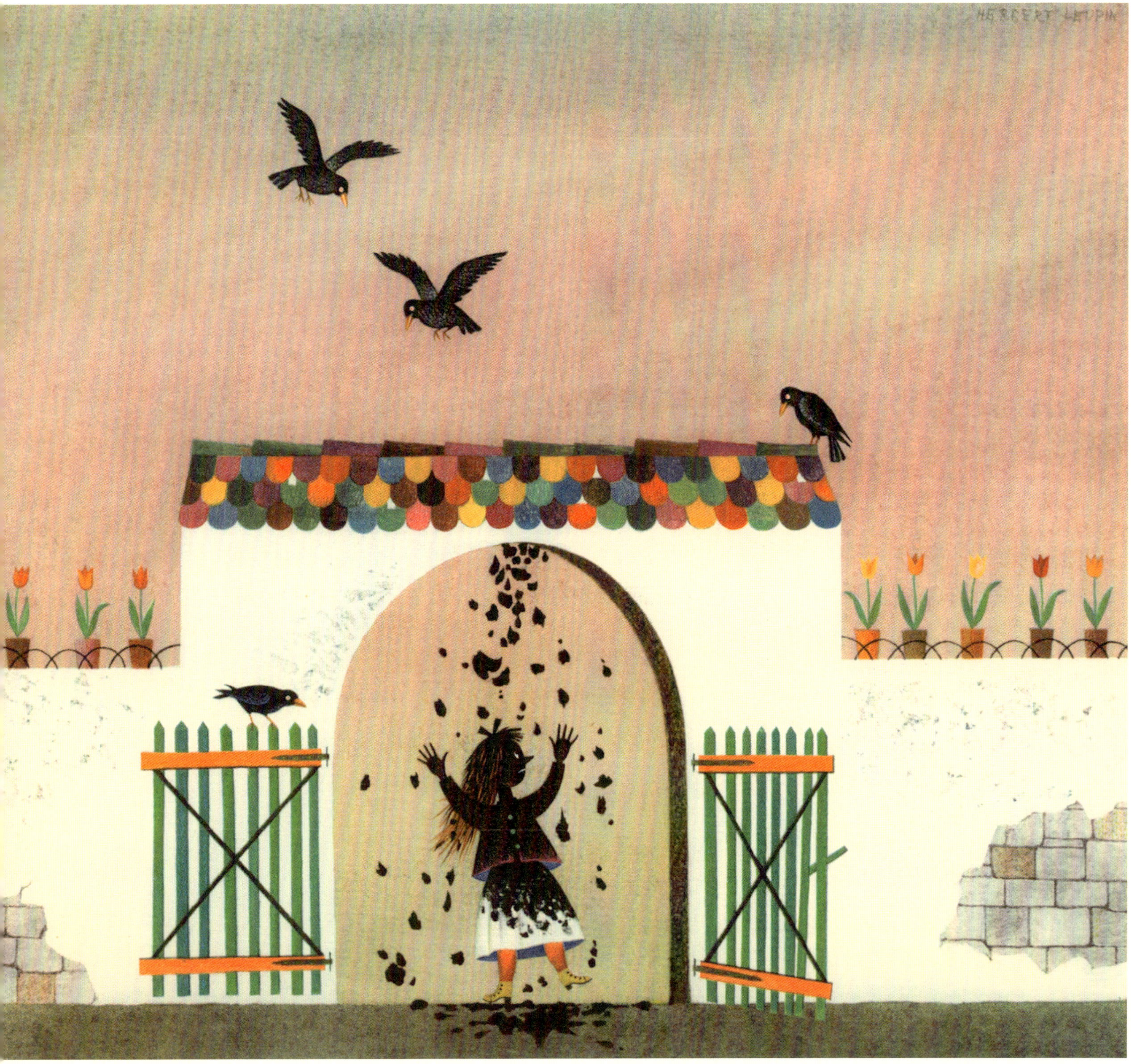
HERBERT LEUPIN

Die Dinge anders sehen

Zum Werbegrafiker und Künstler Herbert Leupin

Herbert Leupin (1916–1999) teilt das Los vieler Werbekünstler: Seinen Namen kennt nicht mehr jeder, doch die Motive, die er geschaffen hat, sind immer noch präsent. Der Clown, der die Buchstaben K-N-I-E auf seinem Knie balanciert. Der Markenname »Pepita« samt dem bunten Papagei. Die Milka-Kuh, deren Prototyp Leupin 1952 entworfen hat: eine Tafel Schokolade mit Beinen, Euter, verträumtem Hörnerkopf und Kuhschwanz.

Plakate waren in der Nachkriegszeit das wichtigste Medium der Werbung, und Herbert Leupin war in der Schweiz der Star unter den Werbegrafikern. Er wurde 1916 in Beinwil am See geboren. Er wuchs auf in Augst, sein Vater war der Wirt des »Rössli« – den Geschmack und das Gespür für Qualität habe er von seinem Vater in der Küche gelernt, so Leupin. Die Schulzeit war für ihn eine Qual, und der Entscheid, das Gymnasium abzubrechen, eine Erlösung: In der Kunstgewerbeschule in Basel sei ihm »der Knopf aufgegangen«, wie er selbst sagte. Seine Begabung war offenkundig, und nach einem Stipendium an der École Paul Colin in Paris machte Herbert Leupin sich 1938 mit 22 Jahren als Grafiker selbstständig. In den folgenden Jahren entwickelte er »die glorioseste Ein-Mann-Agentur der Schweiz«, so Karl Lüönd im Bildband *Herbert Leupin: Plakate, Bilder, Grafiken* (Zürich, 1995). Leupins Plakate wurden regelmäßig mit nationalen und internationalen Preisen ausgezeichnet, allein 89 Plakate finden sich unter den jeweils »besten Schweizer Plakaten des Jahres«. 1957 hatte er die ersten Einzelausstellungen in den USA und in Deutschland, viele weitere folgten.

Herbert Leupin stellte seine künstlerische Ausdrucksfähigkeit ganz in den Dienst der Werbebotschaft. Den Schaffensprozess beschrieb er einmal als »Hindernislauf«, wobei die Vorgaben des Produkts – Markenembleme, Hausfarben, Produktform – die Hindernisse darstellen, die es künstlerisch zu überwinden gilt: »Ich freue mich jedes Mal auf diesen Hindernislauf, und es macht mir Spaß, diese allfälligen Nachteile in Vorteile zu verwandeln.« Bis Ende der 1940er-Jahre pflegte Herbert Leupin einen magisch anmutenden Fotorealismus. Die überperfekt gemalten Gegenstände wecken Wünsche im Betrachter: sei es die aufgeschnittene Charcuterie auf dem Holzbrett (Bell-Salami), der funkelnde Tropfen Wasser neben der Kernseife (Steinfels) oder die Schokolade, deren Silberpapier man rascheln zu hören meint (Milka). Doch Ende der 1940er-Jahre war Leupin an einem Punkt angelangt, wo diese künstlerischen Mittel ausgereizt schienen. Er war auf der Suche nach neuen Ausdrucksformen, und die Märchenbilderbücher spiegeln diesen Umbruch. Ignatius Karl Schiele, der als Leiter der Werbeabteilung des Globus bereits die Figur des Globi angeregt hatte, war auf die Idee gekommen, Herbert Leupin mit der ersten schweizerischen Bilderbuchsammlung zu Märchen der Brüder Grimm zu beauftragen. Von 1944 bis 1949 erschienen im Globi-Verlag die neun Bilderbücher, alle in hohen Auflagen.

Ob es sich nun um Plakate oder um Märchenillustrationen handelt: Herbert Leupin erzählt mit seinen Bildern Geschichten, und er richtet sich dabei an die Intelligenz und den Humor des Betrachters. In den ersten Märchenbüchern erkennt man sofort den Hyperrealismus, den Leupin in der Werbung perfektioniert hatte. Die gelben Hosen von Hans in *Hans im Glück* (1944) möchte man am liebsten anfassen, so realistisch ist ihr Faltenwurf, die Farben haben einen magischen Schmelz. Auf keiner Wiese der Welt blühen die Blumen schöner als auf diesen Bildern, und niemand hat wohl die ärmliche Stube des tapferen Schneiderleins (1944) witziger gezeichnet als Leupin, mit den Socken über dem Ofenrohr und den geflickten Tischbeinen. Ein geheimnisvolles Leuchten strahlt überall, wo gezaubert wird und wo das Übersinnliche lockt und droht. Das Hexenhaus in *Hänsel und Gretel* (1944) etwa zieht durch den Lichteffekt die Kinder im finsteren Wald an – und raffinierterweise auch den Blick des Betrachters. In der Giftküche der bösen Königin in *Schneewittchen und die sieben Zwerge* (1945) brodelt es grünlich, das grüne Fluoreszieren begleitet auch den Knüppel in *Tischchen deck dich* (1945) bei seiner Arbeit.

Wo Gefahr droht, sorgt der Illustrator allerdings dafür, dass Kinder sich beim Betrachten nicht nur fürchten, sondern auch etwas zum Lachen haben. Gewaltakte werden nur angedeutet, zwar hängen neben Hänsels Gitter Messer und Kochlöffel, aber oben spaziert auch – wer weiß, woher – eine weiße Maus über einen Gitterbalken. Außerdem ist alles ziemlich schmuddelig in der Welt dieser Hexe. Das Gefieder des Raben auf ihrem Rücken ist so struppig wie die grauen Haare, die unter ihrem Überwurf hervorstehen, und in ihrem Brillenglas spiegelt sich das Einwickelpapier des Bonbons. In *Der Wolf und die sieben jungen Geißlein* (1947) erscheint der Bösewicht zwar riesenhaft, aber gleichzeitig ist er ein Penner, verlumpt und dem Alkohol verfallen (die leere Flasche taucht später noch einmal auf). Auch in den unheimlichen Waldszenen gibt es beruhigende Details: Ein Eichhörnchen knabbert in *Hänsel und Gretel* an einem Tannzapfen, in *Schneewittchen und die sieben Zwerge* entdeckt man einen Fliegenpilz mit roter Nase und elegantem Schnauz – ein kleiner tröstlicher Witz genau in dem Moment, in dem Schneewittchen von aller Welt verlassen ist. Die Stiefmutter-Königin wiederum wird zur Karikatur ihrer selbst, als sie den Apfel präpariert: In ihrer Giftküche hängt sie die Krone buchstäblich an den Nagel, sie setzt sich eine Clownsnase auf und hantiert mit einer Horrorspritze aus dem Gruselkabinett.

Das alles und vieles mehr kann ein neugieriger Betrachter (egal welchen Alters) in den Bildern entdecken. Auch die Raumaufteilung ist mit Bedeutung aufgeladen: Vor allem in den Bildern zu *Hans im Glück* zeigt Leupin uns manche Szenerien aus der Kinderperspektive: Man wird als Betrachter klein und sieht die Welt von unten – eine durchaus zwiespältige Erfahrung. Das Märchen von *Hans im Glück* beschäftigt sich mit der großen Frage, was im Leben wichtig sei, und Leupin macht nun die Vergänglichkeit zu einem durchgehenden Motiv, von der ramponierten Vogelscheuche (mit Zylinder und Brusttaschentuch) bis hin zur bröckelnden Mauer, deren Fundament gar mit einer Eisenklammer gesichert werden muss. Umgekehrt sind Idyllen bei Leupin nie naiv. Das erste Bild von *Hänsel und Gretel* ist abgründig, gerade weil es so unbeschwert daherkommt, offenbar ahnen die beiden rotbackigen, gesunden Naturkinder nichts von dem, was sie auf den nächsten Seiten erwartet.

Doch in den Jahren, in denen Leupin an den Märchenillustrationen arbeitete, verlor der magische Realismus seine innovative Kraft. Die Suche nach anderen Darstellungsweisen lässt sich an den ab 1946 entstandenen Märchenbüchern ablesen, ein Stilwandel, den Ruth Fassbind-Eigenheer in ihrem Katalogtext zur Ausstellung von Leupins Märchenbildern, die 1991 im Schweizerischen Jugendbuch-Institut zu sehen war, bereits eingehend beschrieben hat. In *Der gestiefelte Kater* (1946) begegnen wir zum ersten Mal plakativen Elementen. Die Bildkomposition ändert sich: Leupin stellt die plastische Figur des Katers isoliert auf eine Bühne von grellen, flächigen Farben. Auch in *Der Wolf und die sieben jungen Geißlein* wendet Leupin solche Techniken an. Als die Geißenmutter nach Hause kommt und die Katastrophe entdeckt, sehen wir nicht die rettende Standuhr in der guten Stube, sondern den Schrecken im Kopf der Mutter: Ihre Kinder und das kaputte Spielzeug fliegen ihr um die Ohren. Die Bilder werden abstrakter und kühler, damit auch moderner. Dieser stilistische Weg endet mit der kühnen Illustration von *Dornröschen* (1948), die in mancherlei Hinsicht die Pop-Art der 1960er-Jahre vorwegnimmt. Abstrakte Formen und Muster spielen eine wichtige Rolle, die Scherenschnitt-Ästhetik der Dornenhecke, die das schlafende Schloss umgibt, entwickelt einen großen Reiz, während die Farbgebung mit dem intensiven Magenta des Dornenschlosses an eine Grenze geht. Kindern sind diese stilisierten Bilder oft weniger zugänglich, gleichzeitig droht eine gewisse Erstarrung im Dekorativen. Herbert Leupin hat diesen Stil nicht fortgeführt. Mit *Frau Holle* (1949) kehrt er zu seiner früheren Bildsprache des verhaltenen Witzes zurück: In der an Brueghel gemahnenden Winterszene findet man wieder viele anrührende Details.

Die Märchenbilderbücher sind ein Solitär im Schaffen von Herbert Leupin, er hat danach keine großen Bilderbuchprojekte mehr realisiert. Gleichzeitig markieren sie eine Zäsur. Nach einer Schaffenskrise fand Herbert Leupin in den 1950er-Jahren zu dem skizzenhaften, scheinbar aus dem Moment hingeworfenen Stil, der seine späteren Plakate prägt. Eine Inspiration dafür waren ihm die Zeichnungen seiner 1948 und 1953 geborenen Söhne: Dass man so unbeschwert und leicht etwas aufs Papier werfen konnte, war für Leupins künstlerische Befreiung ebenso wichtig wie die neuen Möglichkeiten des Offsetdrucks, der Spontaneität in der Plakatmalerei erlaubte.

In einem Interview der *Weltwoche* wurde Herbert Leupin 1969 auf seinen vielgestaltigen Stil angesprochen: »Ich fühle mich wie ein chef d'orchestre, der eine große Zahl von Instrumenten spielen kann. Je mehr Instrumente ich beherrsche, desto eher kann ich im richtigen Moment und am richtigen Ort das geeignete Instrument einsetzen. Die Aufgaben sind ja immer wieder anders – es gibt kein Rezept.« Leupins Einfälle überraschen noch heute, oft entdeckt man die Pointe erst beim zweiten Hinschauen: Zur Zigarettenmarke Salem Nr. 6 gehört die gewürfelte Sechs, der Rössli-Stumpen wird von einem Rössli geraucht. Herbert Leupin preist die Produkte seiner Kunden nie marktschreierisch an, sondern pflegt den stillen Witz, der umso länger wirkt: »...trink lieber Eptinger«, heißt es unter einem anmutig verbeulten Verkehrsschild – ein Plakat übrigens, das zuerst in der Schublade verschwand. Die Wirte fürchteten um den Ausschank von Alkoholika und drohten dem Eptinger-Mineralwasser mit einem Boykott.

Ab den 1980er-Jahren zog Herbert Leupin sich allmählich aus dem Werbegeschäft zurück. Die Welt der Agenturen war ihm fremd, er pflegte seine Plakate im Alleingang und im direkten Kontakt mit dem Auftraggeber zu entwickeln. In seinen späteren Jahren verstärkte sich sein Wunsch, nur noch »für sich« zu malen. Nach über tausend Plakatgestaltungen und vielen langjährigen Plakatserien (u.a. Eptinger, Bata, Roth-Händle) wendete Leupin sich nun gänzlich jenem Motiv zu, das ihn privat als Künstler schon lange beschäftigte: dem Clown. 1973 wurden seine Clownsbilder in einer Zürcher Galerie zum ersten Mal ausgestellt. Leupin zeichnet den Clown in allen Stimmungen, Farben, Atmosphären, mit filigranem Strich oder übermütigen Farben, ätherisch hell oder abgründig dunkel. Seine Harlekine und Pierrots schwanken zwischen Heiterkeit und Trauer. Der Clown gerät ihm nie zur Klamaukfigur, vielmehr birgt die wandelbare Gestalt des Clowns die Haltung des Künstlers Herbert Leupin zur Welt. Der Clown ist eine Metapher für jene Distanz, die der Humor erschafft – und aus der man die Dinge anders sieht.

Sieglinde Geisel

HERBERT LEUPIN wurde 1916 in Beinwil am See geboren. Der Schweizer Grafikdesigner zählt international zu den bedeutendsten Plakatgestaltern. Leupin besuchte zwischen 1932 und 1935 die Kunstgewerbeschule in Basel. Von 1944 bis 1949 entstanden die Illustrationen zu den Märchen der Brüder Grimm. 1964 wurden Arbeiten von ihm auf der documenta III in Kassel gezeigt. 1968 gewann er die Goldmedaille der Plakat-Biennale von Warschau. Herbert Leupin starb 1999 in Basel. Sein Schaffen war geprägt durch einen humorvollen und leuchtend bunten Stil.

Quellenangaben

Die Einzelausgaben der im vorliegenden Band enthaltenen Märchen sind ursprünglich im Globi-Verlag, Zürich, erschienen.

Das tapfere Schneiderlein (1944)

Hans im Glück (1944)

Hänsel und Gretel (1944)

Schneewittchen und die sieben Zwerge (1945)

Tischchen deck dich, Goldesel und Knüppel aus dem Sack (1945)

Der gestiefelte Kater (1946)

Der Wolf und die sieben jungen Geißlein (1947)

Dornröschen (1948)

Frau Holle (1949)

Impressum

Heinrichstrasse 249
CH-8005 Zürich

Lektorat
Romana Küpfer

Lithografie
Zieneke PrePrint
Hamburg / DE

Gestaltung und Satz
Kurt Dornig
Dornbirn / AT
www.dornig.cc

Druck und Bindung
Firmengruppe Appl, aprinta Druck
Wemding / DE

ISBN 978-3-314-10253-0

1. Auflage 2015

Dieses Buch ist auch in englischer Sprache erhältlich:
ISBN 978-0-7358-4228-1

www.nord-sued.com
Bei Fragen, Wünschen oder Anregungen schreiben Sie bitte an:
info@nord-sued.com

Unterstützt durch den Swisslos-Fonds des Kantons Aargau

SWISSLOS
Kanton Aargau

FSC
www.fsc.org
MIX
Papier aus verantwortungsvollen Quellen
FSC® C004592

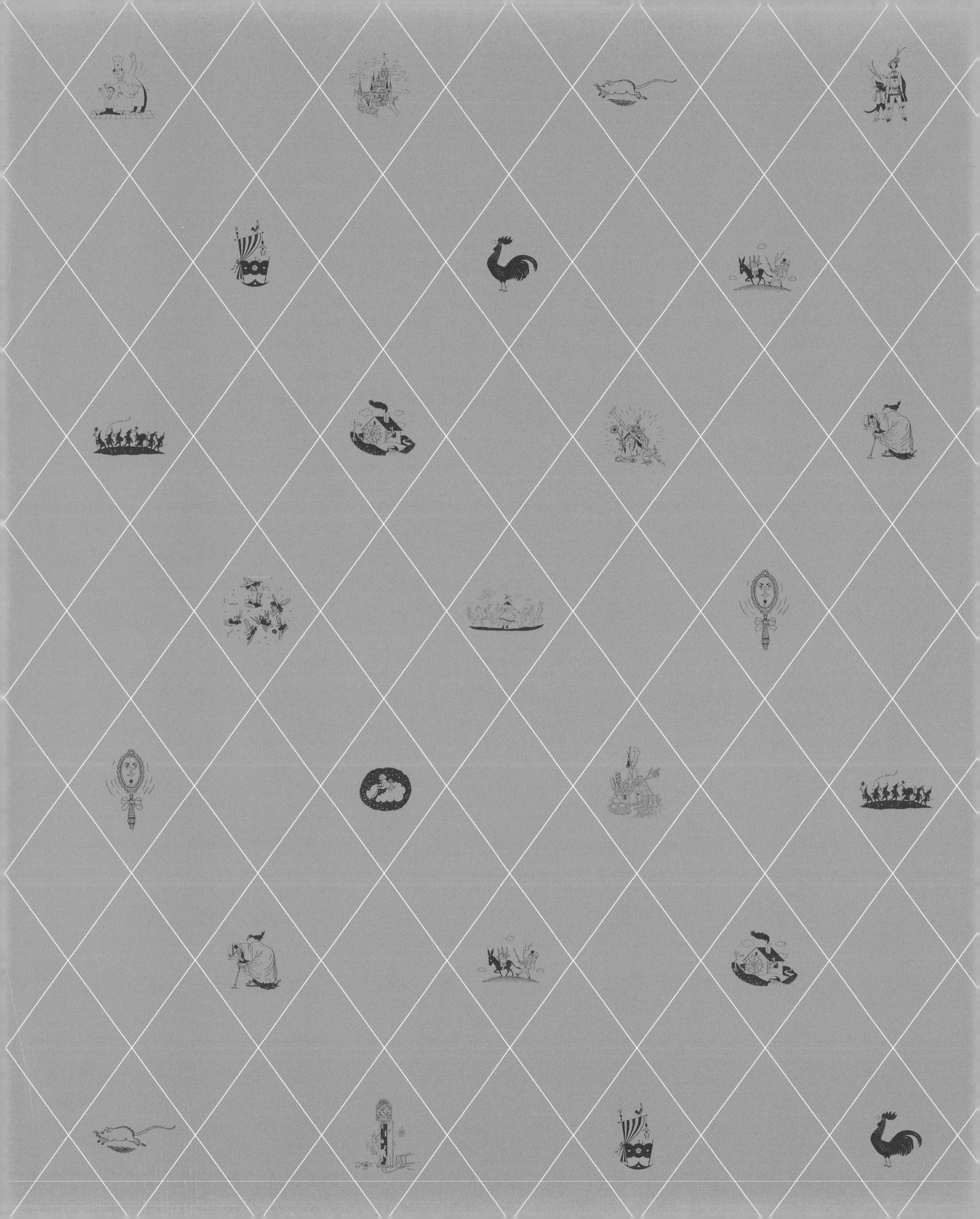